GO! GO! 과학 특공대 20

나눌까 곱할까?
약수와 배수

정완상 지음

BooksHill
이치사이언스

이 책은 각 스테이지별로 재미있는 이야기와 함께 다채로운 코너들로 꾸며져 있습니다.

수학 동화
주인공과 함께 가상현실을 모험하면서 수학 원리와 개념을 쉽고 재미있게 익힐 수 있어요.

과학 영재 되기
이야기에 나왔던 수학 원리와 개념을 교과서와 연관하여 보다 자세하게 배울 수 있어요. (2009년부터 단계적으로 시행되고 있는 새로운 교육과정 기준)

실력 쌓기 퀴즈퀴즈
기본 다지기/ 서프라이즈 진실 혹은 거짓/ 알쏭달쏭 내 생각 등의 다양한 퀴즈를 통해 학습 개념과 관련된 놀랍고 흥미로운 사실들을 알 수 있어요.

부록: 수학자가 쓰는 수학사
이 책의 내용과 관련 있는 과학자가 직접 들려주는 자신의 삶과 업적을 통해 과학자를 더욱 친근하게 만날 수 있어요.

추천의 글

여러분은 상상이 잘 안 되겠지만 선생님은 초등학교 시절 교과서 외에 읽을 수 있는 책이 없었습니다. 한 권 있는 지도책을 보고 또 보며 세계 여러 나라와 도시 이름을 외우며 상상의 나래를 펼치곤 했지요.

50여 년이 지난 지금도 그때 너덜너덜해진 지도책을 생각하면 저절로 지구상의 모든 나라들이 머릿속에 그려집니다. 읍내에 있는 중학교에 들어가면서 다행히 뉴턴과 아인슈타인, 에디슨 등과 같은 인물들을 책으로 만날 수 있었지요. 그때부터 선생님은 과학자가 되겠다는 꿈을 키웠고, 대학에서 과학을 전공하여 교수가 되었습니다.

책은 우리 미래를 밝히는 등대입니다. 선생님은 "GO! GO! 과학특공대"가 여러분을 더 넓은 세상과 더 나은 미래로 이끄는 푸른 신호등이 되리라 확신합니다. 여러분이 학교에서 배우고 있는 내용들을 즐겁고 재미있게 느끼도록 만들었으니까요.

위대한 과학자 뉴턴은 "나는 진리의 바닷가에서 반짝이는 조개껍질 하나를 줍고 기뻐하는 어린아이와 같다."라고 했습니다. 여러분도 "GO! GO! 과학특공대"를 읽고 뉴턴이 느꼈던 그 기쁨을 마음껏 누려보길 바랍니다.

전우수(전 한국 초등과학교육학회 회장 · 공주교육대학교 교수)

이 책을 읽는 어린이들에게

언제나 날 본체만체하는 우리집 야옹이를 알아가는 것, 친구와 하는 내기에서 빨리 셈하는 방법을 알아내는 것, 밤하늘의 반짝이는 별들의 이름을 찾아보는 것은 즐거운 일이지만, 생물을 공부하고, 수학을 공부하고, 과학을 공부를 하는 것은 어렵습니다.

아니, 솔직하게 말해서 공부는 어렵다기보다 하기 싫은 것이죠. 그럼 왜 공부가 하기 싫을까요? 그것은 어른들한테도 어느 정도 책임이 있답니다. 어른들은 1등, 2등밖에 모르기 때문입니다. 사실 엄마 아빠도 모두가 1, 2등을 한 것도 아니면서 말입니다.

학교 갔다 와서 친구들과 축구를 한다거나 컴퓨터 게임을 하면 재미있죠. 맞습니다. 이 글을 쓴 선생님도 학교 갔다 오면 친구들과 동네를 휩쓸고 다니며 노는 것이 공부보다 즐거웠답니다. 그렇게 놀기만 하다 보니 공부가 점점 더 싫어지더라고요.

그러다가 된통 어머니께 꾸중을 들은 날이 있었습니다. 그날 눈물콧물 줄줄 흘리며 혼자 방 안에 앉아 있는데 '그렇게 놀기만 해서는 커서 빈털터리 건달밖에 안 돼.'라는 어머니 말씀이 자꾸 생각나더라고요. 그래서 공부하는 데 취미를 붙여 보려고 책 읽는 연습부터 했죠. 하기 싫은 것을 억지로 한다고 해서 될 것이 아니라는 것을 알았기 때문에, 책 읽는 연습부터 한 거예요.

일을 안 하고는 생활할 수 없듯이, 여러분도 아주 조금씩이라도 공부에 관심을 가져야 합니다. 이건 경험을 통해 알게 된 거예요.

그래서 전 어렸을 때 저처럼 아주 공부하기를 지겨워하는 학생들을 위해 이 책을 썼습니다. 이 책을 재미있게 읽다 보면 몰입하는 즐거움을 느낄 수 있습니다.

몰입이 뭐냐고요? 몰입은 한 가지 일에 푹 빠지는 것을 말합니다. 그러다 보면 바깥이 궁금하거나 컴퓨터를 켜고 싶은 생각은 싹 사라지고, 궁둥이도 무거워지겠지요.

이 책에서 여러분은 꼭 배워야 할 내용들을 생활이며, 체험이며, 놀며 즐기는 놀이로 알아갈 수 있습니다. 어떻게 그렇게 하냐고요? 이 책을 통하면 못할 것이 없습니다. 어디든 갈 수 있고 무엇이든 할 수 있죠. 이 책의 주인공들이 경험하는 일들은 모두 우리가 배워야 할 것들이고, 신기하게도 이 친구들을 따라가다 보면 지겨울 틈도, 졸릴 틈도 없답니다.

사실이냐고요? 그럼 선생님 말이 맞나 안 맞나 확인해 보면 되죠. 책장을 펼치고 기대해 보세요. 선생님이 공부를 즐겁게 할 수 있는 마법을 걸어 줄게요. 준비가 되었다면 힘차게 책장을 넘겨 봅시다.

지은이 씀

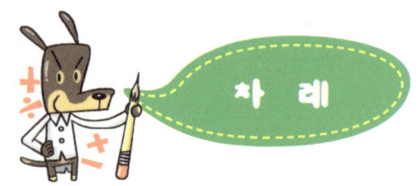

경우의 수 | **주인공 소개** ★ 08

스테이지 1 | **친구수 사건** **약수** ★ 10

수학 영재 되기_ 30
- 완전수 / 완전수의 성질
- 생활 수학 카페: 완전수를 찾는 방법_ 35

실력 쌓기 퀴즈퀴즈_ 36
- 기본 다지기 / 서프라이즈 진실 혹은 거짓 / 알쏭달쏭 내 생각

아하! 알았다 정답_ 38

스테이지 2 | **윌슨 박사 납치사건** **배수** ★ 40

수학 영재 되기_ 62
- 배수 / 배수 판정법
- 생활 수학 카페: 큰 수의 배수_ 66

실력 쌓기 퀴즈퀴즈_ 67
- 기본 다지기 / 서프라이즈 진실 혹은 거짓 / 알쏭달쏭 내 생각

아하! 알았다 정답_ 70

스테이지 3 마라바 김밥 도둑 최대공약수·최소공배수 ★ 72

수학 영재 되기_ 92
- 최대공약수 / 최소공배수
- 생활 수학 카페: 구슬의 무게 구하기_ 96

실력 쌓기 퀴즈퀴즈_ 97
- 기본 다지기 / 서프라이즈 진실 혹은 거짓 / 알쏭달쏭 내 생각

아하! 알았다 정답_ 100

스테이지 4 할머니의 유산 소수 ★ 102

수학 영재 되기_ 118
- 소수 / 소수 찾기 / 소수의 분포 비율 / 소수의 개수
- 생활 수학 카페: 최초의 소수 발견_ 123

실력 쌓기 퀴즈퀴즈_ 124
- 기본 다지기 / 서프라이즈 진실 혹은 거짓 / 알쏭달쏭 내 생각

아하! 알았다 정답_ 128

부록 | 페르마가 쓰는 수학사 ★ 131

[주인공 소개]

안녕? 나는 매쓰팬이라고 해.

매쓰팬

수학천재 매쓰팬은 12살 소년이다.

매쓰팬은 다른 아이들처럼 학교에 다니지 않고,

아빠가 만들어 주신 MR로 무엇이든 공부할 수 있다.

MR은 Mathematical Reality!

번역하면 '수학현실'이라는 프로그램이다.

우리가 가상현실 게임 속에서

로켓 조종사가 되기도 하고

골프선수가 되기도 하듯

매쓰팬은 MR을 통해 다양한 세계를 여행하면서

수학에 대한 모든 것을 배울 수 있다.

매쓰팬이 오늘 배우고 싶은 주제는 '약수와 배수'에 관한 것이다.
수학천재에게 그런 게 왜 필요하냐고?
아빠는 기본 개념에 충실해야 한다고 항상 강조하신다.
그래서 매쓰팬은 약수와 배수에 대한 MR을 시행하기로 결심했다.
매쓰팬이 MR의 초기 화면에서 '**수학 〉약수와 배수**'를 선택하자
다음과 같은 메시지가 나타났다.

약수 배수에 대한 MR 프로그램입니다.
당신은 다음 상황을 체험하게 됩니다.

☐ 매쓰팬, 탐정이 되다.

스테이지 1

친구수 사건
약수

어떤 수 A의 자신을 제외한 모든 약수의 합이 수 B와 같고, 수 B의 자신을 제외한 모든 약수의 합이 수 A와 같을 때, B는 A의 **친구수**라고 부른다.

소년 탐정이 된 매쓰팬은 MR 프로그램의 도우미 어바리 보안관과 함께 피스 마을 지구대에 파견되었다.

따르르르릉!

"어바리 보안관님! 실종신고예요."

매쓰팬이 어바리 보안관의 귀에 수화기를 잽싸게 가져다 대며 말했다.

"헉헉! 보안관님, 큰일 났어요!"

도그러브 씨의 숨찬 목소리가 수화기 너머에서 다급하게 들려왔다.

"도그러브 씨 무슨 일입니까? 진정하고 차근차근 말씀해 보세요."

"우리 강아지 페티가 사라졌어요. 페티는 내 딸이나 다름없어요. 제발 우리 페티를 찾아주세요, 흐흐흑……."

도그러브 씨는 울먹이며 애원했다.

원래 아이가 없는 도그러브 씨 부부는 지루한 나날을 보내다, 3년 전 친구에게서 크리스마스 선물로 애완견 페티를 받은 후 친딸처럼 키워 왔다. 애교를 부리며 사랑스럽

게 구는 페티의 모습을 보며 도그러브 씨 부부의 삶은 기쁨과 행복으로 가득찼다. 그런데 오늘 아침, 그 깜찍한 페티가 감쪽같이 사라진 것이다.
"도대체 페티를 누가 훔쳐 갔을까?"
도그러브 씨의 실종신고 접수를 마친 어바리 보안관이

매쓰팬에게 말했다.

"그냥 집을 나간 건 아닐까요?"

매쓰팬이 가볍게 추리해 보았다.

"물론 그럴 수도 있지. 하지만 도그러브 씨는 페티를 애지중지하며 키웠어. 그러니 페티가 집을 나갈 이유가 없잖아. 안 그러니, 매쓰팬?"

"네. 그렇지만 모든 가능성을 열어놔야죠."

"그렇지! 그럼 오랜만에 사건 한번 맡아 볼까? 지체할 시간이 없다. 조수, 출동 준비!"

보안관이 눈을 부릅뜨며 힘찬 목소리로 말했다.

"엥? 조수면 월급도 주는 건가……요, 보안관님?"

조수라는 말에 그동안 무료봉사만 했던 매쓰팬이 어바리 보안관을 향해 물었다.

"그 대신 사건 해결하는 방법을 배우잖냐."

어바리 보안관은 매쓰팬을 향해 눈을 찡끗하더니 잽싸게 순찰차에 올라탔다. 두 사람은 곧장 도그러브 씨의 집으로 향했다.

도그러브 씨의 집은 작지만 잘 가꾸어진 아름다운 정원이 있는 221번지였다. 도그러브 씨의 집으로부터 왼쪽 220번지에는 40대의 소설가 픽션 씨가, 오른쪽 222번지에는 수학자 매씨아 양이 살고 있었다.

"흠……. 도그러브 씨의 이웃은 믿을만한 사람들이군!"

어바리 보안관은 이웃 사람들의 직업을 확인하고는, 그들은 개를 훔칠 사람이 아니라고 단정 지었다. 하지만 매쓰팬은 220번지에 사는 픽션 씨가 왠지 꺼림칙했다.

픽션 씨는 과거에는 알아주는 유명 작가였지만, 지금은 일거리가 없고 독자들에게 외면당하고 있어서 매일 얼굴을 찌푸리며 마을을 돌아다녔다. 그래서인지 마을에서 픽션 씨가 웃는 모습을 본 사람이 몇 년 동안 한 명도 없을 정도였다.

어바리 보안관과 매쓰팬은 도그러브 씨의 집 주위를 꼼꼼하게 살펴보고 이상한 점이 없자 집안으로 들어갔다.

"도그러브 씨, 개를 마지막으로 본 순간이 언제죠?"

보안관이 도그러브 씨에게 물었다.

"아내가 잠결에 페티가 짖는 소리를 들었어요. 그때가 새벽 5시였어요. 알람이 울렸으니까요. 그때 나가봤다면 이런 일은 없었을 텐데…… 아흐흥, 페티…….”

"진정하세요. 페티는 반드시 찾게 될 겁니다.”

보안관은 슬픔에 빠져 있는 도그러브 씨를 위로했다.

"조수, 메모했겠지? 페티는 새벽 5시 이후에 사라졌을 확률이 높아. 일단 옆집에 사는 사람들에게 혹시 개 도둑을 본 적이 있는지 물어봐야겠다.”

어바리 보안관은 매쓰팬에게 말한 후, 먼저 220번지에 사는 픽션 씨를 찾아갔다.

"누구요? 난 당신네들 같은 사람 볼일 없소!”

축 늘어진 나이트가운을 걸친 픽션 씨가 퀭한 눈을 치켜 뜨고 불쾌한 표정으로 보안관을 쳐다보았다. 헝클어질 대로 헝클어진 머리에서는 까치라도 한 마리 날아오를 것 같았다. 매쓰팬은 그런 픽션 씨를 유심히 관찰했다.

"보안관 어바리입니다. 옆집 도그러브 씨 부부의 개가 사라졌어요. 혹시 새벽 5시 이후에 수상한 사람을 보았거나 개 짖는 소리 못 들으셨나요?"

보안관이 정중하게 물었다.

"똥개 한 마리 사라진 거 가지고 이 새벽에 천재작가의 잠을 깨운 거요?"

"허허, 새벽이라…… 지금은 오전 9시가 넘었는데요."

"지금 장난하시오. 나는 작가요. 늦게 자고 늦게 일어나

는 체질이란 말이요!"

픽션 씨가 어바리 보안관에게 위압적으로 말했다. 어바리 보안관은 픽션 씨의 불쾌한 태도에 반응하지 않고 평소와 다른 이상한 일은 없었는지 다시 물었다.

"수상한 사람이든 옆집 개든 아무것도 못 봤으니 앞으로 다시는 이런 사소한 일로 찾아오지 마시오!"

픽션 씨는 신경질을 내며 문을 쾅 닫고 들어가 버렸다.

"거참, 성격 까다롭네!"

어바리 보안관은 입맛을 쩝쩝 다시며 픽션 씨의 집을 뒤로 하고, 매쓰팬과 함께 매씨아 양을 만나기 위해 222번지로 갔다. 아침을 먹던 참이었는지 매씨아 양이 열고 선 현관문 틈으로 구수한 빵 냄새가 풍겨져 나왔다.

"안녕하세요 매씨아 양. 저는 보안관 어바리입니다. 오늘 새벽에 옆집 도그러브 씨 부부의 강아지가 사라졌습니다. 오늘 새벽 5시쯤 뭘 하셨죠? 혹시 수상한 사람을 봤거나 개 짖는 소리를 못 들으셨나요?"

보안관이 매씨아 양을 향해 정중하게 물었다.

"정…… 는…… 아무꺼…… 똥 모빠떠…… 여."

매씨아 양은 혀가 짧아서 발음이 마구 꼬였다.

"네? 똥이라고요? 매쓰팬, 매씨아 양이 외국인이었나?"

무슨 말인지 알아듣지 못한 어바리 보안관이 매쓰팬에게 물었다.

"아무것도 못 봤대요, 보안관님!"

매쓰팬이 어바리 보안관에게 속삭였다. 겁이 많은 매씨아 양은 다른 사람들과 얘기하는 것을 꺼릴 뿐만 아니라 혼자 지내는 것을 좋아하는 편이었다.

두 사람이 이야기를 하는 동안에 매쓰팬은 거실 한쪽에 있는 새장으로 다가갔다. 새장 안에는 앵무새 한 마리가 횃대에 다소곳이 앉아 있었다.

"우와~ 앵무새네! 어디 보자, 말 좀 걸어 볼까?"

매쓰팬은 이렇게 혼잣말을 하고는 앵무새에게 어바리 보안관처럼 탐문하듯 말을 건넸다.

"안녕하세요. 저는 어바리 보안관의 조수 매쓰팬입니다. 지금 사라진 도그러브 씨 부부의 강아지를 찾고 있습니다.

앵무새 씨, 당신은 새벽 5시 이후에 무엇을 했습니까?"

그러자 갑자기 앵무새가 날개를 퍼득이며 소리를 지르기 시작했다.

"이빨사! 이빨사칭구…… 이빨사! 이빨사칭구…… 이빨사! 이빨사칭구……."

"헉!"

매쓰팬은 앵무새의 날개짓과 요란스러운 소리에 정신이 나갈 지경이었다. 매씨아 양과 이야기를 하던 어바리 보안관이 앵무새가 떠드는 소리를 듣고 새장 앞으로 후다닥 다가왔다. 순간 매씨아 양은 얼굴이 하얗게 질리면서 당황하는 기색을 보이더니 '이빨사칭구'라고 떠들어대는 앵무새를 방으로 옮겼다.

결국 어바리 보안관과 매쓰팬은 별 소득도 없이 지구대로 돌아올 수밖에 없었다.

"가만…… 매쓰팬, 앵무새는 주인이 한 말을 따라 하잖아? 그럼, 매씨아 양은 왜 '이빨사칭구'라는 말을 했을까? 이발사? 아니 아니야, 이빨? 그렇다면 치과?"

어바리 보안관은 머리를 절래절래 흔들며 매쓰팬에게 말하듯 중얼거리더니, 무릎을 '탁' 치고는 매쓰팬을 태우고 부리나케 시내에 있는 치과의사 덴탈 씨를 찾아갔다.

덴탈 씨는 이쁘바 치과 병원이 있는 건물에 살고 있었다. 건물로 들어가던 보안관은 입구에 쓰여 있는 번지수를 주의 깊게 살펴보았다.

"284번지? 혀가 짧은 매씨아 양은 '팔' 발음을 못하니까, 그것이 '빨'이 되었다면 이빨사는 바로 284를 말하는 거야. 그러니까 매쓰팬, 매씨아 양은 284번지에 사는 친구가 개를 훔치는 것을 본 거지. 겁 많고 소심한 나머지 보복이 두려워서 아무에게도 알리지 않고 답답한 마음에 앵무새에게 얘기했던 거야."

어바리 보안관은 숨도 쉬지 않고 나름대로 열심히 추리해 나갔다.

"보안관님, 정말 그럴까요?"

매쓰팬의 대답을 듣는 둥 마는 둥 어바리 보안관은 병원이 있는 2층으로 황급히 올라가 문을 활짝 열어젖혔다. 병원 한 구석에, 목줄에 매여 있는 하얀 강아지 한 마리가 보였다.

"매쓰팬, 페티가 어떤 종이지?"

강아지를 뚫어져라 쳐다보며 어바리 보안관이 매쓰팬에게 조용히 물었다.

"마르티스예요."

매쓰팬도 조용히 대답했다.

"가만……, 이놈도 마르티스잖아? 이제 확실해졌군! 범인은 바로 덴탈 씨였어."

확신에 찬 보안관은 덴탈 씨에게 다가가 우렁찬 목소리로 말했다.

"덴탈 씨, 당신을 애완견 절도범으로 체포하겠소!"

"뭐라고요? 이 강아지는 친구한테 선물 받은 거예요."

덴탈 씨는 손을 내저으며 범행을 완강하게 부인했다.

"당신이 강아지를 훔쳤다는 증인이 있소."

어바리 보안관이 쏘아붙였다.

"도대체 증인이 누구요?"

덴탈 씨가 펄쩍 뛰었다.

"매씨아 양의 앵무새가 말했소, 이빨사 친구라고. 이 마을에서 이빨사는 당신뿐이잖소? 그리고 이빨사를 수로 나타내면 284번지! 앵무새는 당신을 범인으로 지목하고 있는 거요. 더구나 이 강아지는 바로 도그러브 씨 부부가 잃

어버린 마르티스 종이오. 이렇게 증거가 충분한데 계속 발뺌할 겁니까!"

보안관은 목에 힘을 주어 말했다.

"앵무새가 증인이라고요? 내 말은 믿지 않고 앵무새 말을 믿다니, 황당하군요. 나는 정말 아닙니다!"

덴탈 씨가 어이없다는 표정으로 보안관에게 항의했다.

잠시 후, 도그러브 씨가 강아지를 찾았다는 소식을 듣고 달려왔다. 하지만 강아지를 보더니 고개를 좌우로 흔들었다.

"이 아인 페티가 아니에요."

"아니라고요? 이런……."

도그러브 씨의 말에 당황한 어바리 보안관은 화가 나서 씩씩거리는 덴탈 씨에게 거듭 사과했다.

사건은 다시 원점으로 돌아갔다. 어바리 보안관은 경솔하게 덴탈 씨에게 누명을 씌운 자신이 부끄러워 멍하니 창밖만 바라보았다.

매쓰팬은 의욕을 잃은 보안관을 보며 다시 한 번 모든 상황을 되짚어 보았다. 사건과 관련된 많은 증거를 차근차근 떠올려보니, 아무래도 가장 결정적인 것이 앵무새의 말이었다.

"이빨사칭구! 그래, 뭔가 있어. 그렇다면 이빨사칭구를 숫자로 한번 풀어볼까?"

'이빨사칭구 = 284 친구'

"그래, 바로 이거야! 그런데 친구는 뭐지?"

수수께끼처럼 또다시 풀이가 막히자 고민에 빠진 매쓰팬은 매씨아 양이 수학자라는 사실이 번뜩 떠올랐다. 매쓰팬은 주머니 속에 항상 넣고 다니는 수학 사전을 꺼내 열심히 뒤적거리며 무언가를 찾기 시작했다.

잠시 후, 매쓰팬의 눈이 '친구수'라고 쓰여 있는 페이지에서 멈추었다.

> **친구수** 〉〉〉 어떤 수 A의 자기 자신을 제외한 모든 약수의 합이 수 B와 같고, 반대로 수 B의 자기 자신을 제외한 모든 약수의 합이 수 A와 같을 때, B는 A의 친구수라고 부른다.

"친구수? 그렇다면 284의 친구수가 있을까?"

매쓰팬은 이렇게 중얼거리며 284의 약수를 모두 써 보았다.

$$1, 2, 4, 71, 142, 284$$

매쓰팬은 이 중에서 자기 자신의 수인 284를 지웠다.

$$1, 2, 4, 71, 142$$

"좋아. 이 수를 모두 더해 보자.

$$1 + 2 + 4 + 71 + 142 = 220$$

그렇다면 220이 284의 친구수? 아직은 아니야. 220 자신을 제외한 모든 약수들의 합이 284가 되어야 해."

매쓰팬은 다시 220을 제외한 약수를 모두 썼다.

$$1, 2, 4, 5, 10, 11, 20, 22, 44, 55, 110$$

그리고 이 수들을 모두 더했다. 놀랍게도 계산 결과는 다음과 같았다.

$$1 + 2 + 4 + 5 + 10 + 11 + 20 + 22 + 44 + 55 + 110 = 284$$

"그래! 284의 친구는 284의 친구수인 220을 가리키는 거였어. 매씨아 양은 수학자니까 친구수를 당연히 알고 있었을 거고……. 혹시나 220번지에 사는 사람을 지목한 것이 드러나면 자신에게 해를 입힐까 두려워서 220 대신 '284 친구'를 중얼거렸구나. 그리고 그 말을 앵무새가 따라했던 거야."

매쓰팬은 자신의 추리를 어바리 보안관에게 즉시 알렸다. 그리고 두 사람은 220번지에 사는 픽션 씨의 집으로 서둘러 갔다.

"픽션 씨, 당신을 도그러브 씨의 애완견을 훔친 도둑으로 체포하겠소."

"아니, 왜 또 온 거요? 다시는 오지 말라고 했을 텐데! 그리고 내가 도둑이라는 증거가 있나요?"

"픽션 씨, 증거는 당신 집을 수색하면 나올 겁니다!"

어바리 보안관은 눈을 치켜뜬 픽션 씨보다 더 크게 눈을 뜨고, 큰 소리로 말했다. 매쓰팬은 픽션 씨의 집 지하실에서 페티를 발견했다.

도그러브 씨는 페티를 다시 찾게 되자 기뻐서 어쩔 줄을 몰라 했다. 지하실에 갇혀 있는 동안 무서웠는지 패티는 도그러브 씨의 품에서 몸을 잔뜩 웅크린 채 하염없이 떨었다.

결국 범인은 220번지에 사는 픽션 씨로 밝혀졌다. 픽션 씨가 페티를 납치한 이유는 단순했다. 최근 글이 잘 써지지 않아 심각한 우울증과 스트레스로 예민해진 픽션 씨는 페티가 짖는 소리에 신경이 거슬려 그만 이런 범행을 저지르고 만 것이었다.

"수고했다, 매쓰팬! 네 덕분에 사건을 해결했구나! 친구 수를 찾아내다니 정말 대단한 추리력이야."

"매씨아 양의 정보 때문에 가능했죠. 헤헤!"

매쓰팬은 이번 사건을 통해 어바리 보안관뿐만 아니라 주변 사람들에게 실력 있는 탐정으로 평가받게 되었다.

당신은 스테이지 1을 통과했습니다.
다음 아이템을 받을 수 있습니다.

자동영어번역기

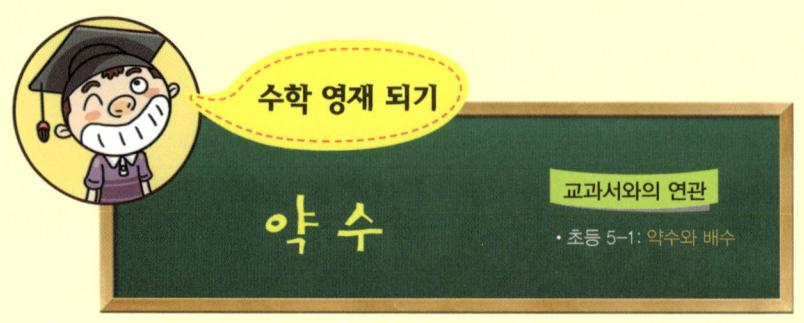

완전수

어떤 수를 나머지 없이 나누어떨어지게 하는 수를 원래 수의 **약수**라고 부릅니다. 예를 들어 2는 6을 나누어떨어지게 하므로 6의 약수지만, 4는 6을 나누어떨어지게 하지 않으므로 6의 약수가 아니지요.

　약수와 관련된 재미있는 수에 대해 알아볼까요?

　6의 약수를 모두 쓰면

$$1, 2, 3, 6$$

입니다. 이 중에서 원래 수를 제외한 약수들을 **진약수**라고 부릅니다. 즉 6의 진약수는 1, 2, 3이지요. 6의 진약수를 모두 더해 볼까요?

$$1 + 2 + 3 = 6$$

6의 진약수의 합이 6과 같아지는군요. 이렇게 어떤 수가 그 수의 진약수의 합과 같을 때, 그 수를 **완전수**라고 부릅니다. 6은 자연수 중에서 가장 작은 완전수랍니다.

이번에는 부족수에 대해 알아볼까요?
예를 들어 14의 진약수를 구하면,

$$1, 2, 7$$

이에요. 이 진약수를 모두 더해 봅시다.

$$1 + 2 + 7 = 10$$

진약수의 합이 원래의 수 14보다 작네요. 이렇게 어떤 수의 진약수의 합이 원래의 수 보다 작을 때, 그 수를 **부족수**라고 부릅니다. 그러므로 14는 부족수에 해당하지요.

이번에는 반대로 초과수에 대해 알아볼까요?
12의 진약수는

$$1, 2, 3, 4, 6$$

이고, 이 진약수를 모두 더하면 다음과 같아요.

$$1 + 2 + 3 + 4 + 6 = 16$$

이렇게 진약수의 합이 원래의 수보다 클 때, 그 수를 **초과수**라고 불러요. 따라서 12는 초과수에 해당하지요.

이와 같이 모든 자연수는 부족수, 완전수, 초과수 중의 하나랍니다.

완전수의 성질

완전수는 가장 드물면서도 완전한 수입니다. 자연수 중 가장 작은 완전수는 6인데, 6부터 처음 여섯 개의 완전수는 다음과 같아요.

$$6$$
$$28$$
$$496$$
$$8128$$
$$33550336$$
$$8589869056$$

완전수는 이 여섯 개 외에도 많이 발견되었어요. 뒤로 갈수록 완전수의 수가 커지는데, 어떤 완전수는 너무 길어서 책 한 권 분량이기도 해요.

앞의 완전수들을 살펴보면, 일의 자리 수가 6 또는 8이라는 것을 알 수 있어요. 다시 여섯 개의 완전수를 자세히 들여다볼까요?

6을 제외한 다른 완전수들은 각 자리 수의 합을 9로 나누었을 때 항상 1이 남는 수가 된다는 것을 알 수 있어요.

$$2 + 8 = 10$$
$$4 + 9 + 6 = 19$$
$$8 + 1 + 2 + 8 = 19$$
$$3 + 3 + 5 + 5 + 0 + 3 + 3 + 6 = 28$$
$$8 + 5 + 8 + 9 + 8 + 6 + 9 + 0 + 5 + 6 = 64$$

또한 6을 제외한 모든 완전수는 연속된 홀수의 세제곱의 합으로 쓸 수 있습니다. 이게 무슨 말이냐고요?

예를 들어, 완전수 28은 홀수 1과 3을 각각 세제곱을 한 합과 같아요. 다른 완전수도 한번 계산해 볼게요.

어때요? 완전수는 참 재미있고 놀라운 수 같죠? 하지만

$$1^3 + 3^3 = 28$$
$$1^3 + 3^3 + 5^3 + 7^3 = 496$$
$$1^3 + 3^3 + 5^3 + 7^3 + 9^3 + 11^3 + 13^3 + 15^3 = 8128$$

이것이 전부가 아니랍니다. 완전수의 또 다른 재미있는 성질을 살펴볼게요.

완전수의 모든 약수의 역수의 합은 항상 2가 됩니다. 6과 28을 예로 들어볼게요. 6의 약수 1, 2, 3, 6을 역수로 모두 더하면 2가 나오고, 28의 약수 1, 2, 4, 7, 14, 28을 역수로 모두 더해도 값은 2가 나옵니다.

다음의 식을 통해 확인해 봅시다.

$$\frac{1}{1} + \frac{1}{2} + \frac{1}{3} + \frac{1}{6} = \frac{12}{6} = 2$$

$$\frac{1}{1} + \frac{1}{2} + \frac{1}{4} + \frac{1}{7} + \frac{1}{14} + \frac{1}{28} = \frac{56}{28} = 2$$

정말 놀랍지 않나요?

생활 수학 카페

완전수를 찾는 방법

자연수 중에서 어떤 수가 완전수인지 어떻게 알 수 있을까요? 완전수를 찾는 일반적인 방법을 적용하여 찾아볼게요.
우선, 2의 거듭제곱 수를 차례로 써 봐요.

$$1, 2, 4, 8, 16 \cdots$$

그 다음 이 수들을 연속되는 수를 더해서 차례로 합을 구합니다.

$$1 + 2 = 3$$
$$1 + 2 + 4 = 7$$
$$1 + 2 + 4 + 8 = 15$$
$$1 + 2 + 4 + 8 + 16 = 31$$
$$1 + 2 + 4 + 8 + 16 + 32 = 63$$
$$1 + 2 + 4 + 8 + 16 + 32 + 64 = 127$$

이 중에서 3, 7, 31, 127은 소수지만 15와 63은 소수가 아니죠? 이렇게 최종 결과가 소수가 아닌 것들을 제외하면 다음과 같아요.

$$1 + 2 = 3$$
$$1 + 2 + 4 = 7$$
$$1 + 2 + 4 + 8 + 16 = 31$$
$$1 + 2 + 4 + 8 + 16 + 32 + 64 = 127$$

이때, 더한 마지막 수와 결과의 수를 곱하면 완전수를 얻을 수 있어요. 즉 첫줄에서 $2 \times 3 = 6$, 둘째 줄에서 $4 \times 7 = 28$, 셋째 줄에서 $16 \times 31 = 496$, 넷째 줄에서 $64 \times 127 = 8128$이 완전수지요.

기본 다지기

1. 28은 완전수인가, 초과수인가, 부족수인가?

2. 1210의 친구수를 구하라.

서프라이즈 진실 혹은 거짓

1. 1은 모든 수의 약수다.

    ☐ 진실   ☐ 거짓

2. 모든 수의 약수의 개수는 짝수다.

    ☐ 진실   ☐ 거짓

3. 48과 75는 서로 '부부수'라고 부른다.

　　　　　　□ 진실　　　　　□ 거짓

4. 홀수인 완전수 중에서 가장 작은 수는 1896786677이다.

　　　　　　□ 진실　　　　　□ 거짓

알쏭달쏭 내 생각

오완전 양은 22살의 아름다운 아가씨다. 그녀는 약수연구소에 다니면서 약수의 성질에 대해 연구하고 있다.

어느 날 오완전 양은 같은 연구소에 다니는 나사랑 씨로부터 프러포즈를 받았다.

"사랑 씨, 날 사랑한다면 6년만 더 기다려 주세요."

"헉! 6년씩이나?"

나사랑 씨가 놀라자 오완전 양이 말했다.

"그래야 우리가 완전한 사랑을 할 수 있다고요."

오완전 양은 왜 6년을 기다리라고 했을까? 여러분의 생각은?

기본 다지기

1. **완전수**
   28의 진약수는 1, 2, 4, 7, 14이고, 그 합은 1 + 2 + 4 + 7 + 14 = 28이므로 28은 완전수다.

2. **1184**
   1210의 진약수는 1, 2, 5, 10, 11, 22, 55, 110, 121, 242, 605이고, 이들을 모두 더하면 1184다. 또한 1184의 진약수들의 합은 1210이므로 두 수는 서로 친구수다.

서프라이즈 진실 혹은 거짓

1. **진실**
   모든 자연수는 1로 나누어떨어지므로 1은 모든 수의 약수다.

2. **거짓**
   4의 약수는 1, 2, 4로 3개고, 9의 약수는 1, 3, 9로 3개다. 여기서 4는 2의 제곱이고 9는 3의 제곱인데, 이렇게 어떤 수의 제곱이 되는 수의 약수의 개수는 홀수다.

3. **진실**
   친구수와 비슷한 성질을 지니는 두 수로는 부부수가 있다. 48의 약수는 1, 2, 3, 4, 6, 8, 12, 16, 24, 48이고, 75의 약수는 1, 3, 5, 15, 25, 75다. 이때 48의 1과 자기 자신을 뺀 나머지 약수들의 합은 75고, 75의 1과 자기 자신을 뺀 나머지 약수들의 합은 48이다. 이러한 관계에 있는 두 수를 '부부수'라고 부른다.

4. **거짓**
   지금까지 수학자들이 38개의 완전수를 구했는데 모두 짝수였다. 아직까지 홀수인 완전수는 발견되지 않았다.

알쏭달쏭 내 생각

답 28이 완전수이기 때문이다.
다시 말해 오완전 양은 현재 22살이므로, 6년 후에는 28살이 된다. 28은 완전수이므로 오완전 양은 자신의 나이가 완전수일 때 완전한 사랑을 이룰 수 있다고 믿었던 것이다.

스테이지 2

월슨 교수 납치사건
배수

어떤 수의 홀수 번째 자리의 수들의 합과 짝수 번째 자리의 수들의 합이 같거나 그 차가 11의 배수면 그 수는 11의 배수다.

따르르르릉!

보안관 사무실의 전화벨 소리가 시끄럽게 울렸다.

"어바리 보안관 사무실입니다. 무엇을 도와 드릴까요?"

어바리 보안관이 친절하게 전화를 받았다.

"저는 윌슨 교수의 여비서 로린이라고 해요. 교수님이 이틀째 아무런 연락도 없이 출근을 안 하세요. 무슨 일이 일어난 건 아닐까요?"

수화기 너머로 들려오는 로린 양의 목소리가 긴장한 듯 가늘게 떨리고 있었다.

"지금 바로 윌슨 교수님 댁으로 가 보겠습니다. 로린 양."

어바리 보안관은 매쓰팬과 함께 윌슨 교수의 집에 갔다가 아무도 없는 것을 확인하고 다시 윌슨 교수의 연구실로 부리나케 달려갔다.

윌슨 교수는 최근 소수에 대한 새로운 규칙을 찾아내 세계적으로 유명해진 수학자였다. 그가 발견한 새로운 규칙은 오늘 오후 1시에 기자들 앞에서 발표될 예정이었다.

"매쓰팬, 지금 몇 시지?"

어바리 보안관이 매쓰팬에게 물었다.

"12시 57분이에요."

매쓰팬이 손목시계를 보고 말했다.

"그럼 3분 남았군! 조금 기다려 보지. 3분 후에 윌슨 교수가 기자회견장에 나타나 사람들을 깜짝 놀라게 할지도 모르잖아. 워낙 장난을 잘 치는 사람이니까."

어바리 보안관은 윌슨 교수와 어릴 때부터 친하게 지내던 친구 사이였기 때문에 그의 성격을 속속들이 알고 있었다.

드디어 1시가 되었다.

"잠시 후 시청자 여러분은 윌슨 교수가 세계 수학사에 큰 획을 긋는 위대한 장면을 보게 될 것입니다."

WBP TV 생방송 진행자가 마치 자신의 일처럼 흥분하여 상기된 표정으로 말했다.

하지만 윌슨 교수는 나타나지 않은 채 시간만 흘러가자 진행자의 얼굴에는 초조한 빛이 떠올랐다. 어느덧 5분이 지나갔다. 생방송이었으므로, 당황한 방송사는 위대한 수학자들에 대한 다른 영상을 먼저 내보냈다. 그러나 20분이

지나도 윌슨 교수가 나타날 낌새는 보이지 않았다.

윌슨 교수의 긴급 기자회견을 보려고 길거리의 전광판 TV 앞에 몰려들었던 시민들도 허탈해하면서 하나 둘 자리를 뜨기 시작했다. 30분이 지나자 결국 TV 기자회견 프로그램은 사과의 자막을 내보낸 후 방송을 중단해야 했다.

윌슨 교수의 연구실에서 보안관, 매쓰팬과 함께 텔레비전을 보고 있던 로린 양이 중얼거렸다.

"휴~ 교수님은 도대체 어디에 계신 걸까?"

로린 양의 한숨 섞인 말에 보안관과 매쓰팬의 마음은 더욱 초조해졌다.

"윌슨 교수가 장난을 좋아하긴 해도, 오늘처럼 중요한 날에 안 나올 사람이 아닌데……."

어바리 보안관이 믿을 수 없다는 듯 중얼거렸다.

"무슨 일이 생기신 게 분명해요, 보안관님!"

"음……, 내 생각도 그래."

어바리 보안관은 창문 근처를 서성거리며 매쓰팬의 말에 동의했다.

"어? 저게 뭐지?"

창문을 바라보던 어바리 보안관이 무언가를 발견하고는 깜짝 놀라 소리쳤다.

"매쓰팬! 저 글자들 좀 봐. 지금 나만 헛것을 보고 있는 건 아니겠지?"

어바리 보안관의 오른쪽 검지가 유리창을 가리키고 있었다.

"어? 보안관님 저도 보이는데요."

매쓰팬도 유리창에 적힌 글자를 발견하고는 흥미로운 표정으로 말했다. 그것은 창문 맞은편에 세워져 있는 화이트보드에 적힌 글자들이 유리에 비친 것이었다.

화이트보드에는 다음과 같이 쓰여 있었다.

MSRILISON

매쓰팬은 호주머니에서 자동영어번역기를 꺼내어 아홉 개의 철자로 이루어진 단어를 입력했다. 하지만 그 단어는 존재하지 않는 단어였다.

"교수님은 평소에 애들처럼 낙서하기를 좋아하세요. 그건 아마…… 아무거나 적어 놓으신 걸 거예요."

로린 양이 윌슨 교수가 화이트보드에 쓴 글씨를 지우개로 잽싸게 지워 버렸다.

"아니, 로린 양! 그걸 왜 지우는 거죠? 중요한 단서가 될지도 모르는데요!"

매쓰팬은 로린 양을 향해 외쳤다. 로린 양도 순간 당황했지만 이미 엎질러진 물이었다. 매쓰팬은 화이트보드에 적혀 있던 단어를 기억해 내어 얼른 수첩에 옮겨 적었다.

어색하고 민망한 분위기가 계속되자 로린 양은 창문을 활짝 열어젖혔다. 그러자 실내로 세찬 바람이 들이닥쳤고, 바람 때문에 연구실에 쌓여 있던 종이들이 여기저기 날아다녔다. 그러던 중 바닥에 뒹굴던 종이 한 장이 날아올라 어바리 보안관의 오동통한 얼굴에 찰싹 달라붙었다.

"아이쿠, 이게 뭐지?"

어바리 보안관은 얼굴에서 종이를 떼어냈다. 그것은 물건을 사고 받은 영수증이었다. 영수증을 유심히 들여다보던 보안관이 흥분한 채 외쳤다.

"가만! 이건 8월 1일, 그러니까 오늘 시내에 있는 오일리어 잡화점에서 발행한 영수증이잖아. 그런데 영수증이 찢어져서 정확한 금액이 보이지 않는군!"

영수증은 만의 자리의 숫자와 일의 자리의 숫자가 찢겨져 나가서 없었고, 물품의 종류를 적은 부분도 사라지고 없었다. 반쪽이나 다름없는 영수증을 통해 확인할 수 있는 것은 알 수 없는 똑같은 물건을 88개 구입했으며, 총 구입 금액의 천의 자리 숫자는 9, 백의 자리 숫자는 7, 십의 자리 숫자는 0이라는 것이었다.

"분명 범인은 오일리어 잡화점에서 88개의 물건을 구입하고 □970□원을 지불한 사람이야. 도대체 □안에 들어갈 숫자는 뭘까?"

 어바리 보안관이 눈을 가늘게 뜨고 고개를 갸우뚱거리며 중얼거렸다.

 반면 매쓰팬은 조금 전부터 로린 양의 화려한 손과 발을 유심히 관찰하고 있었다. 로린 양은 손톱마다 서로 다른 색깔의 매니큐어를 바르고 있었고, 샌들 사이로 삐져나온 열 개의 발가락에도 서로 다른 색깔의 매니큐어가 칠해져 있었다. 그뿐만이 아니었다. 로린 양의 손톱마다 무늬가 그려져 있었는데, 그것을 위해서는 여러 가지 색깔의 매니큐어가 필요할 것 같았다.

"로린 양은 매니큐어가 참 많은가 봐요?"

매쓰팬은 그저 궁금하다는 듯이 물었다.

"네일아트를 전공했거든요. 그래서 나는 늘 내 손톱과 발톱을 이렇게 개성 있게 연출하고 있지요."

로린 양은 미소를 지으며 뽐내듯이 두 손을 매쓰팬 눈앞으로 쭉 내밀었다.

"그럼, 매니큐어도 많이 사야겠군요?"

뭔가를 눈치 챈 매쓰팬이 이번에는 날카롭게 물었다.

"매니큐어는 싸잖아요? 근데 왜 그런 걸 자꾸 물어보는 거예요?"

로린 양이 불쾌한 표정으로 톡 쏘아댔다.

로린 양과 대화를 나누는 중에도 매쓰팬은 로린 양의 손톱과 발톱을 유심히 살펴보았다. 어바리 보안관은 두 사람의 대화에는 관심이 없다는 듯 뭔가 더 중요한 단서를 찾기 위해 연구실을 구석구석 둘러보았다.

잠시 후, 어바리 보안관과 매쓰팬은 두 가지 단서에 대해

 골똘히 생각해 보았다. 화이트보드에 쓰여 있던 수수께끼의 글자, 그리고 바닥에 떨어져 있던 찢어진 영수증.

 어바리 보안관은 윌슨 교수의 연구실 바닥에 무릎을 꿇고 앉아 화이트보드에 적혀 있던 단어의 글자들 사이를 이리저리 떼어 보며 다른 단어가 되도록 조작해 보았다. 그러자 다음과 같이 나눌 수 있었다.

MSRI LISON

"MSRI라면, Mathematical Science Research Institute의 머리글자! 이건 윌슨 박사가 만든 수학연구소잖아!"

새로운 단서를 발견한 어바리 보안관이 큰 소리로 외쳤다.

"리손(LISON) 이건 사람 이름 같은데……."

어바리 보안관은 리손이라는 이름을 수첩에 적으며 로린 양에게 물었다.

"로린 양, 혹시 리손이라는 사람을 아나요?"

"리손 박사님 말인가요? 알고말고요. MSRI에 근무하는 수학박사님이시죠. 윌슨 교수님과 공동연구를 하다가 서로 사이가 나빠져 최근에는 독립적으로 연구를 하셨어요. 그런데 윌슨 교수님이 먼저 새로운 결과를 찾아내는 데 성공한 거죠."

로린이 또박또박 설명했다.

"매쓰팬, 혹시……. 리손 박사가 윌슨 교수의 연구를 가로채기 위해 납치를 한 건 아닐까?"

보안관이 매쓰팬에게 물었다.

"리손 박사가 자신을 납치하려 한다는 것을 알리기 위해 화이트보드에 리손 박사의 이름을 적었다고요? 그건 좀 이상한데요, 보안관님. 만약 리손 박사가 납치했다면 자신의 이름이 적힌 걸 그대로 두고 갈 리가 없잖아요? 윌슨 교수님은 천재 수학자예요. 어쩌면 뭔가 다른 메시지일지도 몰라요."

매쓰팬이 대답을 하며 눈썹 사이를 찌푸렸다.

"일단 리손 박사를 조사하는 게 좋겠어."

어바리 보안관은 리손 박사가 윌슨 교수를 납치를 했다고 확신하는 표정이었다.

잠시 후 로린 양의 연락을 받은 리손 박사가 연구실로 들어왔다.

"리손 박사님! 혹시 오늘 오일리어 잡화점에 간 적이 있습니까?"

어바리 보안관이 리손 박사의 얼굴을 날카롭게 쏘아보며 물었다.

"아침에 다녀왔는데요. 그게 무슨 문제가 되나요?"

리손 박사는 의아한 표정으로 대답했다.

"박사님, 윌슨 교수가 납치된 건 아시죠?"

"네, 뉴스를 보고 알았습니다."

"혹시 오늘 잡화점에서 88개의 똑같은 물건을 산 적이 있습니까?"

"없습니다!"

리손 박사는 고개를 가로저으며 단호하게 대답했다.

사건은 점점 알 수 없는 미궁 속으로 빠져 들어가는 것 같았다. 어바리 보안관이 범인이라고 생각했던 리손 박사는 88개의 물건을 산 적이 없었고, 윌슨 교수를 납치할 만한 동기를 가진 사람 또한 주변에 없는 듯 보였다.

아무런 소득 없이 그렇게 시간만 흘러갔다. 그러던 중 묵묵히 소파에 앉아 수첩을 들여다보고 있던 매쓰팬이 벌떡 일어나며 소리쳤다.

"문제가 해결되었어요. 모두 이쪽으로 모여 주세요."

윌슨 교수 가족을 비롯하여 연구실에 있던 모든 사람이

매쓰팬을 빙 둘러섰다.

"여러분도 아시다시피 천재 수학자 윌슨 교수님이 오늘 납치되었어요. 어바리 보안관님은 화이트보드의 글자를 보고 윌슨 교수님의 납치범으로 리손 박사를 의심했지요. 하지만 리손 박사는 범인이 아니에요. 리손 박사님은 88개나 되는 제품을 산 적이 없으니까요. 저는 찢어진 영수증의 만의 자리의 숫자와 일의 자리의 숫자를 알아냈어요."

"어떻게?"

어바리 보안관이 놀란 눈으로 물었다.

"간단해요. 수학을 이용하는 거죠. 우선 총액은 □970□원이에요. 이것은 88개의 물건 값이므로 88의 배수가 돼야 해요. 그런데 88은 8과 11의 곱이므로, 이 수는 8의 배수이면서 동시에 11의 배수여야 하죠. 그럼 먼저, 8의 배수가 되기 위한 조건을 알아볼게요. 8의 배수가 되려면 끝의 세 자리 수가 8의 배수여야 해요. 즉 70□가 8의 배수가 되어야 하는 거죠. 이 조건을 만족하는 수는 4니까 찢어진 영수증의 일의 자리 수는 4예요. 이제 영수증 총액은

□9704원! 이것이 11의 배수가 되려면 홀수 번째 자리 수의 합과 짝수 번째 자리 수의 합이 같거나 11 차이가 나야 해요. 즉 □＋7＋4와 9＋0이 그런 관계에 있어야 하지요. 이 조건을 만족하는 값은 9예요. 그러므로 찢어진 영수증의 만의 자리 수는 9지요. 이 영수증의 총액은 99704원이고 이것이 88개의 물건 값이므로, 하나의 값은 1133원이에요. 따라서 오늘 오일리어 잡화점에서 한 개에 1133원 하는 물건을 88개 구입한 사람이 범인일 가능성이 높아요."

매쓰팬은 설명을 멈추고 사람들의 반응을 살폈다.

"도대체 그 사람이 누구지?"

보안관이 재촉하듯 매쓰팬에게 물었다.

"오일리어 잡화점은 많은 물건을 팔고 있어요. 제가 좀 전에 인터넷으로 조사해 보니, 오늘 할인된 가격으로 한 개당 1133원에 판매되는 것은 바로…… 매니큐어입니다."

매쓰팬의 말이 끝나기가 무섭게 사람들의 시선이 로린 양에게 집중되었다. 로린 양의 얼굴은 새파랗게 질려 있었다.

"무, 무슨 근거로 그, 그렇게…… 말씀하시는 거죠?"

　로린 양이 온몸을 파르르 떨며 겁먹은 목소리로 더듬거렸다.

　"로린 양은 네일아트가 취미입니다. 그러기 위해서는 많은 매니큐어가 필요하죠. 로린 양은 오늘도 88개의 매니큐어를 샀어요. 이건 명백합니다!"

매쓰팬은 오일리어 잡화점 매니큐어 코너에서 보내 준 메일을 사람들에게 보여 주었다. 메일에는 오늘 오전 11시 50분에 로린 양에게 88개의 매니큐어를 팔았다는 내용이 적혀 있었다.

"맞아요. 그건 내 영수증이에요. 하지만 그건 실수로 내가 떨어뜨린 거고, 교수님의 납치와는 무관하잖아요?"

로린 양의 목소리는 조금 전보다 더 떨리고 있었다.

"매쓰팬, 로린 양은 범행동기가 부족한 거 같군!"

어바리 보안관은 팔짱을 낀 채 매쓰팬을 향해 신중하게 말했다. 매쓰팬은 로린 양에게 다시 질문을 던졌다.

"로린 양! 당신은 윌슨 교수의 제자죠?"

"그래요. 교수님에게 석사 학위를 받았어요."

로린 양이 울먹거리며 대답했다.

"논문 제목이 뭐죠?"

"소수에 대한 연구입니다."

"지금 핫도그 대학에서 박사 과정을 밟고 있죠?"

"그, 그…… 건……."

로린 양은 시선을 한곳에 고정시키지 못한 채 대답을 얼버무렸다.

"여러분 로린 양은 프렌즈 대학에서 윌슨 교수님의 비서로 일하면서 인근 대학인 핫도그 대학 수학과에서 박사 과정을 밟고 있습니다. 그리고 지금은 박사 학위 논문을 준비 중이죠. 보안관님, 이 정도면 로린 양이 윌슨 교수님이 발견한 소수에 관한 연구결과를 가로챌 만한 충분한 이유가 있다고 생각하지 않나요? 로린 양은 윌슨 교수님을 납치한 후 윌슨 교수님의 논문을 훔쳐서 자신의 박사 학위 논문으로 발표하려 했던 거죠. 핫도그 대학의 수학과 교수가 되려고 말이에요."

매쓰팬이 로린 양을 날카롭게 노려보며 말했다.

"뭐라구요? 말도 안 돼!"

로린 양이 거세게 항의했다. 순간 찬물을 끼얹은 듯 주위가 조용해졌다. 그 틈에 어바리 보안관이 매쓰팬에게 물었다.

"하지만 매쓰팬, 윌슨 교수가 거울에 쓴 글씨는 무엇을 의미하는 건가?"

"보안관님, 그건 바로 암호입니다. 거울에 적힌 알파벳은 모두 9개예요. 9는 3과 3의 곱이니까 9개의 알파벳을 정사각형에 나열할 수 있어요. 그러면 다음과 같이 돼요."

M S R
I L I
S O N

"이것을 세로로 읽어 보세요."

매쓰팬이 차분하게 말했다. 그것을 세로로 읽어서 다시 쓰자 다음과 같이 되었다.

MISSLORIN

"아니, 이건……?"

보안관은 가만히 글자를 들여다보았다.

"두 단어가 붙은 거예요."

매쓰팬은 다음과 같이 띄어쓰기를 해서 사람들에게 다시

보여주었다.

MISS LORIN (미스 로린)

 윌슨 교수는 자신이 로린 양에게 납치될지도 모른다는 것을 우연히 알게 되었고, 그것을 로린 양이 눈치 채지 못하도록 암호로 화이트보드에 써 두었던 것이었다.

 "로린 양은 자신의 범행을 완벽하게 숨기기 위해 태연하게 윌슨 교수님과 연락이 안 된다고 한 거예요. 자신이 먼저 신고를 하면 의심을 피할 수 있을 거라고 생각한 거죠."

 어바리 보안관이 로린 양을 체포할 때 매쓰팬이 말했다. 그리고 매쓰팬은 어바리 보안관과 함께 로린 양의 집 지하실에서 윌슨 교수를 찾아냈다.

 며칠 후 안정을 되찾은 윌슨 교수는 소수의 재미난 성질에 대해 위대한 논문을 발표하여 세상 사람들을 다시 한 번 놀라게 하였다.

당신은 스테이지 2를 통과했습니다.
다음 아이템을 받을 수 있습니다.

포켓칠판

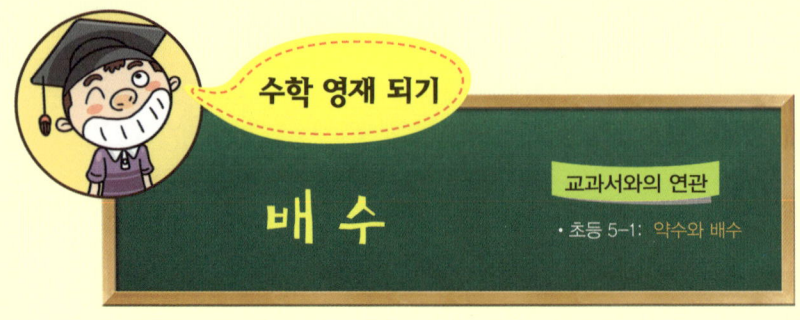

배수

어떤 자연수의 1배, 2배, 3배 등을 그 수의 배수라고 부릅니다. 예를 들어 3의 배수는 3, 6, 9, … 가 되지요.

어떤 수가 몇 배수인지 쉽게 알아 볼 수 있는 간단한 방법이 있는데, 10의 배수, 2의 배수, 5의 배수는 일의 자리 수만 보고도 몇 배수인지 쉽게 알 수 있지요.

10의 배수는 일의 자리 수가 0으로 끝나면 됩니다. 30, 270, 4080은 일의 자리 수가 0이므로 10의 배수지요.

2의 배수는 0과 모든 짝수들이에요. 즉 2의 배수는 일의 자리 수가 0, 2, 4, 6, 8이지요. 34, 788, 980처럼 수가 커져도 일의 자리 수가 짝수면 모두 2의 배수입니다.

5의 배수는 일의 자리 수가 0이나 5로 끝나요. 그래서 45, 90, 5635 등은 모두 5의 배수지요.

배수 판정법

2, 5, 10의 배수가 아닌 다른 수의 배수는 어떻게 알 수 있을까요? 이 경우에도 '배수 판정법'을 이용하여 그 수가 몇 배수인지 쉽게 알 수 있어요.

4의 배수 판정법을 알아볼게요. 만약 어떤 수의 끝의 두 자리 수가 4의 배수면, 그 수는 4의 배수가 됩니다.

4876을 한번 볼까요? 이때 끝의 두 자리의 수 76은 4의 배수이므로, 4876은 4의 배수가 됩니다.

3의 배수 판정법은 각 자리의 수를 더해서 그 값이 3의 배수면 주어진 수는 3의 배수가 됩니다.

453을 예로 들어볼게요. 각 자리의 수를 모두 더하면

$$4 + 5 + 3 = 12$$

이고, 12는 3의 배수이므로 453은 3의 배수입니다.

그렇다면 2302는 3의 배수일까요? 이때도 먼저 각 자리의 수를 더한 후 그 값이 3의 배수인지 알아봅니다.

$$2 + 3 + 0 + 2 = 7$$

7은 3의 배수가 아니므로 2302는 3의 배수가 아니지요.

이번에는 9의 배수의 판정법에 대해 알아봅시다.

9의 배수 판정법은 3의 배수 판정법과 비슷합니다. 각 자리의 숫자를 더한 값이 9의 배수면 주어진 수는 9의 배수가 되지요. 783을 알아볼까요?

$$7 + 8 + 3 = 18$$

이므로, 783은 3의 배수면서 9의 배수지요. 하지만 다른 예로 7302를 보면 $7 + 3 + 0 + 2 = 12$이고, 이때 12는 3의 배수지만 9의 배수는 아니므로 7302는 9의 배수가 아닙니다.

11의 배수 판정법은 다른 배수의 판정법과는 조금 다르지만 아주 재미있답니다.

12463을 예를 들어 알아볼까요? 여기에서 홀수 번째 자리의 수는 1, 4, 3이죠? 이 수를 모두 더하면 8입니다. 짝수 번째 자리의 수는 2, 6이고, 이 수를 모두 더하면 8이 되지요. 홀수 번째 자리의 수의 합과 짝수 번째 자리의 수의 합이 같군요. 이렇게 홀수 번째 자리의 수의 합과 짝수 번째 자리의 수의 합이 같으면 그 수는 11의 배수가 됩니다.

이번에는 9196을 예를 들어 설명해 볼게요. 9196의 홀수 번째 자리의 수를 더하면

$$9 + 9 = 18$$

짝수 번째 자리의 수를 더하면

$$1 + 6 = 7$$

이므로 합한 값이 같지 않죠? 하지만 18과 7의 차는 11입니다. 이와 같이 홀수 번째 자리의 수의 합과 짝수 번째 자리의 수의 합의 차이가 11의 배수면 그 수는 11의 배수가 됩니다. 그러므로 9196 역시 11의 배수랍니다.

11의 배수 판정법을 정리하면 다음과 같아요.

> 어떤 수의 홀수 번째 자리의 수의 합과 짝수 번째 자리의 수의 합이 같거나 그 차가 11의 배수면 그 수는 11의 배수다.

생활 수학 카페

큰 수의 배수

큰 수의 배수는 어떻게 알 수 있을까요?

  우선 어떤 수가 6의 배수인지 아닌지를 판정하는 방법을 알아봅시다. 6은 2와 3의 곱이므로, 6의 배수가 되기 위해서는 2의 배수이면서 동시에 3의 배수가 되어야 합니다.

  예를 들어 396을 보죠.

$$3 + 9 + 6 = 18$$

이므로 396은 3의 배수입니다. 이때 일의 자리가 6이므로 이 수는 2의 배수이기도 하지요. 이렇게 396은 2의 배수이면서 동시에 3의 배수이므로 6의 배수입니다.

  이와 같이 기본적인 배수 판정법을 여러 번 사용함으로써 큰 수의 배수를 알아낼 수 있습니다.

  예를 들어, 어떤 수가 33의 배수인지를 알기 위해서는 33이 3과 11의 곱이므로, 3의 배수이면서 동시에 11의 배수인지 아닌지를 조사하면 됩니다.

기본 다지기

1. 네 자리의 수에 대한 4의 배수의 규칙을 설명하라.

2. a+b+c가 3의 배수라면, 세 자리 수인 abc가 3의 배수임을 보여라.

> 서프라이즈 진실 혹은 거짓

1. 곱셈구구에서 일의 자리 수가 0부터 9까지 나오는 것은 1단, 3단, 7단, 9단이다.

    ☐ 진실   ☐ 거짓

2. 세 자리 수가 7의 배수인지 아닌지를 알 수 있는 판정법은 없다.

    ☐ 진실   ☐ 거짓

3. 숫자 1부터 10까지 써 있는 열 개의 카드가 있다. 1의 배수부터 10의 배수까지 차례로 뒤집으면 숫자가 나타나지 않는 카드는 3장이다.

    ☐ 진실   ☐ 거짓

> 알쏭달쏭 내 생각

새해를 맞아 달력을 사 가지고 집에 온 이배수 씨는 달력의 표지를 넘겨 1월을 펼쳤다. 그런데 1월의 종이가 다른 달의 종이보다 지저분하고, 심지어 월을 나타내는 숫자는 인쇄된 글자가 아니라 손으로 쓴 것이었다.

"이상하네, 새 달력이 아닌 것 같아."

이배수 씨는 아무래도 속았다는 기분이 들어 달력 가게에 가서 반품을 요구했다. 그러자 달력 가게 주인이 화를 내며 말했다.

"이게 새 달력이 아니라는 증거가 있소?"

"1월을 손으로 쓴데다가 종이도 다른 달과 다르잖아요! 이건 누가 봐도 헌 달력이라고요."

"헌 달력으로 다음 해 달력을 만드는 건 불가능해!"

달력 가게 주인은 헌 달력이라는 것을 완강하게 부인했다.

과연 누구의 주장이 옳을까? 여러분의 생각은?

☐ 이배수 씨   ☐ 달력 가게 주인

기본 다지기

1. 네 자리 수 abcd를 생각하자. 이것을 다시 쓰면 다음과 같다.

    $$abcd = 1000 \times a + 100 \times b + 10 \times c + 1 \times d$$

    그런데 $1000 = 4 \times 250$, $100 = 4 \times 25$이므로 1000과 100은 4의 배수다. 따라서 $10c + d$가 4의 배수면 주어진 수는 4의 배수가 된다. $10c + d$는 끝의 두 자리 수를 말하므로, 끝의 두 자리 수가 4의 배수면 주어진 수는 4의 배수다.

2. 세 자리 수 abc는 다음과 같이 쓴다.

    $$abc = 100a + 10b + c$$

    $100 = 99 + 1$, $10 = 9 + 1$이므로

    $$\begin{aligned} abc &= (99+1)a + (9+1)b + c \\ &= 99a + a + 9b + b + c \\ &= (99a + 9b) + a + b + c \end{aligned}$$

    여기서 $99a + 9b = 3 \times (33a + 3b)$이므로 항상 3의 배수다. 그러므로 $a + b + c$가 3의 배수면 abc는 3의 배수다.

서프라이즈 진실 혹은 거짓

1. 진실

곱셈구구를 외워보고 일의 자리 수만 체크해 보면 알 수 있다.

2. 거짓
7의 배수 판정법은 있지만 조금 복잡하다. 예를 들어 468을 보자. 앞의 두 자리 수에서 일의 자리 수를 2배로 하여 빼면 46−8×2=30이다. 이때 결과가 7의 배수면 그 수는 7의 배수다. 그러나 30은 7의 배수가 아니므로 468은 7의 배수가 아니다.
다른 예로 406을 보자. 40−6×2=28이 7의 배수이므로 406은 7의 배수다.

3. 진실
약수의 개수가 홀수 개인 카드는 홀수 번 뒤집히므로 숫자가 안 나타난다. 약수의 개수가 홀수 개인 수는 제곱수인데, 1부터 10사이의 제곱수는 1, 4, 9이므로 이 세 개의 카드는 숫자가 나타나지 않는다.

알쏭달쏭 내 생각

답 **이배수 씨의 주장이 옳다.**
매년 5월 달력은 다음 해의 1월 달력과 정확하게 일치한다. 그 이유는 다음 해의 1월 1일은 5월 1일로부터 245일 뒤이고, 245가 7의 배수이므로 요일이 같아지기 때문이다.

스테이지 3

마라바 김밥 도둑
최대공약수 · 최소공배수

 두 수의 공약수 중 가장 큰 수는 **최대공약수**,
두 수의 공배수 중 가장 작은 수는 **최소공배수**다.

조용하고 아늑한 피스 마을 변두리에는 외롭지만 혼자서 꿋꿋하게 김밥 장사를 하는 마라바 할머니가 살고 있었다. 마라바 할머니는 건망증이 심하고 시력이 좋지 않았다.

하지만 김밥은 언제나 변함없이 맛이 있어서 마을 사람들의 사랑을 듬뿍 받았다. 더구나 가격까지 저렴하니 누구든 사 먹기에 부담이 없었다.

매쓰팬과 어바리 보안관도 마라바 할머니네 김밥집의 단골이었다.

그날도 매쓰팬은 마라바 할머니의 김밥집으로 총알 같이 달려갔다.

"할머니! 김밥 한 줄 주세요."

매쓰팬이 숨을 헐떡거리며 주문했다.

"원 녀석도……, 여기 있다. 이게 오늘 마지막 김밥이란다."

할머니가 귀여운 손자를 대하듯 매쓰팬에게 말했다. 하지만 평소와 달리 할머니의 표정은 어두워 보였다.

"할머니 무슨 고민 있으세요?"

마라바 할머니는 아무런 대꾸 없이 도마 위를 멍하니 바라보며 중얼거렸다.

"단무지가 35줄……."

조리대 위에는 김밥 길이에 맞춰서 잘라 놓은 단무지들이 가지런히 놓여 있었다.

"단무지가 35줄이면 김밥 35개는 더 말 수 있겠는데요? 왜 고민을 하세요?"

"그게 말이다, 소시지는 안 남고 단무지만 남았단다. 단무지만 넣은 김밥을 팔수도 없고…… 그냥 버리자니 아깝고…….”

할머니는 단무지를 쳐다보며 혀끝을 찼다.

매쓰팬은 기운 없어 보이는 할머니를 도와드리고 싶은 마음에 이것저것 간단한 조사를 시작했다. 그리고 소시지와 단무지의 개수가 맞지 않는 것은 할머니의 심한 건망증 때문이라는 것을 알아냈다.

마라바 할머니는 소시지와 단무지의 개수를 똑같이 맞추지 못했다. 항상 단무지를 먼저 105줄을 만든 후, 소시지를 잘라서 105줄을 만들려고 했지만 소시지는 70줄밖에 되지 않았다. 어떻게 이런 똑같은 실수를 매일 반복할까 매쓰팬은 의아했다.

신선한 재료를 고집하는 마라바 할머니는 매일 남은 단무지 35줄을 어쩔 수 없이 버리면서 음식을 그냥 버린다는 죄책감을 느꼈다. 더구나 점점 오르는 단무지 가격 때문에 자꾸 적자가 나서 장사하기가 어려워지는 것 같아 힘들었다.

"소시지가 70줄, 단무지가 105줄…… 그러니까 단무지는 항상 35줄이 남겠군. 가만, 남는 단무지를 활용하는 방법이 없을까?"

매쓰팬은 눈을 동그랗게 뜨고 김밥을 이리저리 살펴보다가 동그랗게 말린 밥 속에 노란 단무지와 붉은 소시지가 박힌 김밥의 단면을 유심히 들여다보았다.

"그래, 바로 이거야!"

매쓰팬이 흥분된 목소리로 외쳤다.

"70과 105의 최대공약수를 이용하는 거야. 최대공약수는 두 수의 약수 중에서 제일 큰 수지. 70과 105의 최대공약수는…… 그러니까 35!"

매쓰팬은 포켓 칠판에 다음과 같이 썼다.

$$70 = 35 \times 2$$
$$105 = 35 \times 3$$

"할머니! 해결 방법을 찾아냈어요. 이제 더 이상 고민하지 않으셔도 돼요. 소시지는 두 줄, 단무지는 세 줄씩 넣어서 슈퍼 왕김밥을 만드는 거예요."

"슈퍼 왕김밥이라고?"

매쓰팬의 설명을 듣던 마라바 할머니는 오랫만에 얼굴빛이 환해졌다.

마라바 할머니는 매쓰팬의 말처럼 왕김밥 샘플을 만들기 시작했다. 소시지 두 줄과 단무지 세 줄로 사람이나 동물의 얼굴 무늬를 만들었는데, 이전보다 맛도 훨씬 좋고 보는 즐거움도 있어서 매쓰팬은 덩달아 신이 났다.

　다음 날부터 선보인 마라바 할머니의 슈퍼 왕김밥은 불티나게 팔리기 시작했다.

　그러던 어느 날, 마라바 할머니가 어바리 보안관 사무실에 전화를 걸어왔다.

"매쓰팬, 어서 나 좀 도와주렴!"

할머니의 목소리가 다급했다.

"할머니, 무슨 일인지 천천히 말씀해 보세요."

매쓰팬은 우선 마라바 할머니를 진정시켰다.

"누군가가 슈퍼 왕김밥을 자꾸 훔쳐가는 것 같아."

할머니의 목소리가 떨리고 있었다.

"조금만 기다리세요, 할머니! 보안관님과 금방 갈게요."

　할머니의 김밥집은 매쓰팬이 자주 들르지 못한 사이에 모습이 많이 달라져 있었다. 가게 밖에는 테이블이 놓여 있었고, 그 위에는 김밥을 항상 적당한 온도로 유지하는 냉온장고와 손님 스스로 김밥 값을 넣는 앙증맞게 생긴 돼지저금통이 있었다.

직원을 쓸 형편이 안 되는 마라바 할머니의 가게는 김밥을 냉온장고 속에 두면, 손님들이 직접 김밥 값을 돼지저금통에 넣은 후 꺼내 먹는 셀프 방식으로 운영되었다.

그런데 언제부터인가 돼지저금통에 있는 돈이 김밥 값과 일치하지 않았다. 김밥 값의 총액보다 김밥 2개 정도에 해당하는 돈이 항상 모자랐던 것이다. 이것은 한마디로 매일 누군가가 2개의 김밥을 공짜로 먹고 있다는 것을 의미했다.

마라바 할머니는 처음에는 누군가가 장난을 친 것이라 생각하고 넘겼지만 이 일이 한 달째 계속되자 상습적인 김밥 도둑의 짓이라고 단정하게 되었다.

"매쓰팬, 내가 김밥 도둑을 봤단다."

할머니가 조용히 말했다.

"정말요?"

매쓰팬은 눈을 동그랗게 뜨고 물었다.

"김밥을 냉온장고에 넣으려고 밖으로 나가는데, 어떤 남자가 내가 나오는 걸 보더니 들고 있던 김밥 한 줄을 입에 물고 다른 김밥 한 줄을 집어 들고는 후다닥 도망을 치더구나."

할머니가 기억을 더듬어 말했다.

"그 사람의 얼굴이 생각나세요?"

이번에는 어바리 보안관이 천천히 또렷또렷한 말투로 물었다.

"아니. 아휴~ 얼핏 옆모습하고 뒷모습만……."

할머니는 아쉬운 듯 한숨을 섞어 말했다.

"흐흠, 옆모습과 뒷모습만으로는 좀 힘들겠는데……."

어바리 보안관이 목을 가다듬으며 말했다.

"아! 뒷모습에 특이한 점이 있었어!"

마라바 할머니가 갑자기 소리쳤다.

"말씀해 보세요. 할머니, 그게 뭡니까?"

어바리 보안관이 잽싸게 물었다.

"응, 그게 말예요. 가만있자…… 그래, 머리 꼭대기 부분만 문어대가리처럼 반들반들했던 거 같아."

"그래요? 그런 특이한 인상착의라면 용의자를 찾을 수 있을 거예요. 그때가 몇 시쯤이었죠?"

"시계가 없어서…… 아무튼 시간은 잘 모르겠어. 하지만 그 사람이 후다닥 도망쳤을 때 버스정류장에 3번, 5번, 7번 버스가 나란히 서 있었지."

매쓰팬은 마라바 할머니가 말한 내용을 수첩에 꼼꼼하게 메모했다. 그리고 버스 번호도 모두 적어두었다. 마라바 할머니의 말처럼 할머니의 김밥집 앞으로는 세 대의 버스가 지나다녔다.

세 대의 버스는 3번, 5번, 7번 버스였는데, 각 버스는 3분, 5분, 7분 간격으로 정확하게 운행되고 있었다.

사무실로 돌아온 매쓰팬과 어바리 보안관은 마을 사람들의 사진을 하나하나 꺼내 보았다. 그중에서 머리 꼭대기 부분이 문어대가리처럼 대머리인 사람은 세 명이었다. 어바리 보안관은 이 세 사람을 김밥도둑 용의자로 지목했다.

첫 번째 용의자는 동네 거지인 40대 배고파 씨였고, 두 번째 용의자는 매일 PC방에서 게임만 하면서 무위도식하는 20대 초반의 노라바라는 청년, 그리고 세 번째 용의자는 은행에 근무하며 혼자 사는 50대의 호라비 씨였다.

다음 날부터 세 명의 용의자에 대한 본격적인 심문이 시작되었다. 어바리 보안관은 호라비 씨를 먼저 불렀다.

일을 하다 호송된 호라비 씨는 불쾌한 표정이었다.

"한창 입출금 고객이 많아 바쁜 시간이니 최대한 빨리 끝내주시죠."

호라비 씨가 말했다.

"그건, 호라비 씨가 조사에 얼마나 협조적이냐에 달려 있습니다."

어바리 보안관이 천천히 말했다.

"흥, 잘못한 게 없으니 협조를 못할 것도 없지요."

호라비 씨가 당당하게 말했다.

"호라비 씨, 어제 마라바 할머니 김밥집에 간 적이 있습니까?"

"네, 저는 매일 12시에 김밥 두 줄을 사고 돈을 저금통에 넣고 옵니다."

호라비 씨는 조금도 긴장하지 않은 표정으로 차분하게 대답했다.

"허, 그래요?"

"그러면 제가 거짓 진술을 하고 있다는 말입니까?"

"아닙니다. 호라비 씨, 이제 돌아가셔도 좋습니다."

어바리 보안관은 입맛을 쩝쩝 다셨다.

호라비 씨가 돌아간 후에 어바리 보안관이 매쓰팬에게 말했다.

"그래, 은행에 다니는 호라비 씨가 김밥 두 줄을 도둑질

할 이유가 없잖아?"

"맞아요. 호라비 씨는 범인이 아니에요."

매쓰팬이 힘주어 대답했다.

"그건 왜지, 매쓰팬?"

보안관은 놀란 눈으로 매쓰팬을 쳐다보았다.

"그건 나중에 심문이 다 끝난 후에 말씀드릴게요."

매쓰팬은 무언가 확신에 찬 표정을 지으며 어바리 보안관을 향해 빙긋 웃었다.

두 번째 용의자가 사무실로 들어왔다. 배고파 씨였다.

"배고파 씨, 어제 김밥집에는 몇 시에 갔죠?"

보안관이 물었다.

"김밥집이라뇨? 거지가 돈 내고 김밥 사 먹는 거 봤소?"

배고파 씨가 귀찮다는 듯 대답했다.

"그래서 돈을 안 내고 매일 김밥 두 줄을 먹었단 말입니까?"

어바리 보안관은 배고파 씨를 날카롭게 노려보며 유도 심문을 했다.

"이것 보쇼, 보안관 나리! 내가 사람들한테 구걸하면서 사는 거지라고 해도 도둑질은 안 합니다. 거지라고 이렇게 함부로 의심해도 되는 거요!"

흥분한 배고파 씨가 침을 튀기며 말했다. 보안관은 배고파 씨의 침을 피하느라 고개를 뒤로 쑥 빼며 다시 물었다.

"흠흠, 침이…… 그럼 마라바 할머니네 김밥집 근처에는 간 적이 없다는 겁니까?"

"하~ 참! 딱하시네. 보안관 양반, 내가 거기까지 갈 버스비가 있겠소? 그런 돈 있으면 버스 타기 전에 뭐라도 사먹었을 거요."

배고파 씨의 말에 어바리 보안관은 더 이상 할 말이 없어졌다. 배고파 씨가 나간 후 어바리 보안관이 심각한 표정으로 매쓰팬을 향해 말했다.

"혹시, 배고파 씨가 거짓말을 하는 건 아닐까? 너무 배고파서 매일 김밥 두 줄을 슬쩍 할 수도 있잖아?"

"글쎄요. 아직 용의자 한 명이 더 남아 있잖아요."

여전히 배고파 씨를 가장 유력한 용의자라고 점찍고 있는 어바리 보안관의 생각에 매쓰팬이 제동을 걸었다.

마지막으로 세 번째 용의자인 노라바 씨가 털레털레 들어왔다.

"노라바 씨, 어제 마라바 할머니 김밥집에는 몇 시에 갔죠?"

보안관이 노라바 씨의 표정을 살피며 첫 번째 질문을 던졌다.

"저는 PC방에서 밤새도록 게임을 하고 아침 겸 점심으로 매일 10시 45분에 할머니 김밥집을 가요. 할머니의 슈퍼 왕김밥 두 줄이면 하루가 거뜬하거든요."

말을 마친 노라바 씨는 눈동자를 좌우로 굴리며 하품을 했다.

"지금 10시 45분이라고 했나요?"

매쓰팬이 눈을 크게 뜨고 되물었다.

"맞아. 아무리 게임만 해도 난 규칙적으로 생활하거든."

노라바 씨가 매쓰팬에게 으스대며 대답했다.

"어바리 보안관님! 노라바 씨가 범인일 가능성이 제일 높아요."

매쓰팬이 노라바 씨에게 시선을 고정시킨 채 큰 소리로 말했다. 그 말에 깜짝 놀란 노라바 씨가 침을 꼴딱 삼켰다.

"매쓰팬, 그건 왜지?"

어바리 보안관이 물었다.

"할머니는 도둑이 김밥을 훔쳐갈 때 3, 5, 7번 버스가 동시에 서 있었다고 했어요."

"그게 이 사건과 무슨 상관이 있지?"

어바리 보안관이 매쓰팬에게 다시 한 번 물었다. 세 버스는 매일 9시 정각에 출발해 같은 방향으로 달려요. 그런데 세 버스의 운행 간격은 각각 3, 5, 7분이니까 세 버스가 동시에 정거장에 서 있는 시각은 3과 5와 7의 최소공배수인 105분 후가 되겠지요. 9시에서 105분이 경과한 시각은 바로 10시 45분……. 물론 이것만으로 노라바 씨가 범인이라고 단정할 수는 없지만 가장 유력한 용의자라고는 할 수 있어요."

매쓰팬은 노바라 씨를 똑바로 쳐다보며 딱 부러지게 설명했다. 잘난 체하던 노라바 씨는 울상이 되어 고개를 푹 숙이고 말았다.

보안관은 곧장 노라바 씨가 매일 시간을 보내는 PC방으로 가서 그의 일기장을 발견했다.

놀랍게도 그의 일기장에는 매일 김밥 두 개를 훔쳐 먹은 것에 대한 후회의 글들이 쓰여 있었다. 그리고 지금은 취업을 하지 못해 매일 빌빌거리며 게임만 하고 있지만 언젠가 취업을 하게 되면 할머니에게 김밥 값을 갚겠다는 진심이 담긴 글도 있었다.

결국 범인은 노라바 씨였다. 하지만 인정 많은 마라바 할머니는 노라바 씨를 불쌍히 여겨 그를 용서하고, 매일 공짜로 김밥 두 줄을 먹을 수 있게 해주었다.

"총각, 슈퍼 왕김밥으로 하루가 거뜬하다니 내가 다 기분이 좋네."

"마라바 할머니, 제가 잘못한 일도 있는데……."

노라바 씨는 부끄러움에 고개를 들지 못했다.

"총각, 어려울 때일수록 힘을 내야지. 어깨를 쭉 펴게!"

마라바 할머니가 노라바 씨의 어깨를 다독이며 용기를 북돋아 주었다.

"매일 공짜로 김밥까지 주시고…… 흑, 감사합니다."

마라바 할머니의 따뜻한 마음에 감동한 노라바 씨는 자신의 잘못을 뉘우치고, 취업 준비를 하는 동안 마라바 할머니네 김밥집 일을 돕기로 했다.

마라바 할머니의 훈훈한 정이 느껴지는 김밥 사건은 주변 사람들의 입을 통해 다른 마을까지 알려지게 되었다. 그 후 할머니의 김밥집은 사람들로 발 딛을 틈 없이 북적였다.

당신은 스테이지 3을 통과했습니다.
다음 아이템을 받을 수 있습니다.

노트북

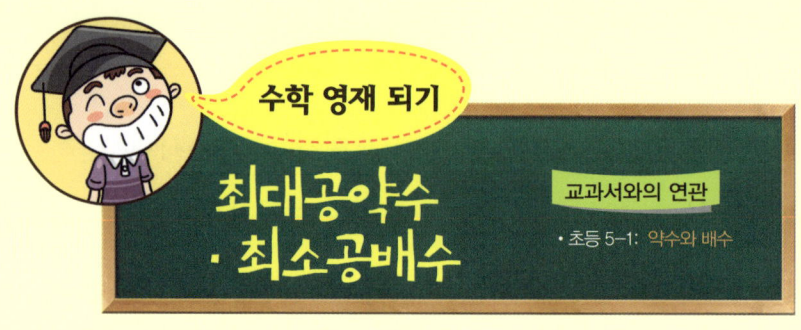

최대공약수

공약수란 두 수의 공통인 약수를 말합니다. 예를 들어서 6과 8의 공약수를 구해 볼까요?

먼저, 6과 8의 약수를 구합니다.

6의 약수 : 1, 2, 3, 6
8의 약수 : 1, 2, 4, 8

6의 약수와 8의 약수 중 공통인 수 1, 2가 바로 6과 8의 공약수입니다. 그리고 이 공약수 중에서 가장 큰 수인 2를 6과 8의 최대공약수라고 부릅니다. 다시 말해 **최대공약수**는 공약수 중에서 가장 큰 수를 말합니다.

그럼 최대공약수는 어떤 경우에 이용할까요?

예를 들어, 연필 60자루와 공책 72권을 될 수 있는 한 많은 학생에게 똑같이 나누어 준다고 해 봐요. 이때 나누어 줄 수 있는 학생 수는 몇 명일까요?

만약 학생 수가 20명이고 연필을 학생 한 명당 3자루씩 나눠 가진다면, 전체 연필 수는 60자루가 돼요. 즉 다음과 같이 계산할 수 있지요.

(전체 연필 수)=(학생 수)×(한 사람이 갖는 연필 수)

마찬가지로, 공책 수도 다음과 같이 계산할 수 있어요.

(전체 공책 수)=(학생 수)×(한 사람이 갖는 공책 수)

이때 학생 수는 전체 연필 수와 공책 수의 약수가 되어야 하므로 60과 72의 공약수예요. 그런데 최대한 많은 학생에게 나누어 준다고 했으니까 최대공약수를 구하면 되겠죠?

60의 약수를 모두 구하면

    1, 2, 3, 4, 5, 6, 10, 12, 15, 20, 30, 60

72의 약수는

    1, 2, 3, 4, 6, 8, 9, 12, 18, 24, 36, 72

이에요. 이때 60과 72의 최대공약수는 12이므로, 구하는 학생 수는 12명입니다. 이런 식으로 어떤 수를 구하는 문제를 풀 때 최대공약수를 이용한답니다.

최소공배수

이번에는 공배수에 대해 알아볼까요? **공배수**는 어떤 두 수의 공통인 배수를 말해요. 예를 들어 2와 3의 공배수를 찾아볼게요.

2의 배수 : 2, 4, 6, 8, 10, 12, …
3의 배수 : 3, 6, 9, 12, …

2의 배수이면서 동시에 3의 배수인 수는

6, 12, …

입니다. 이 수들이 바로 2와 3의 공배수예요. 2와 3의 공배수 중에서 가장 작은 수는 6인데, 이 수를 최소공배수라고 불러요. 다시 말해 **최소공배수**는 공배수 중에서 가장 작은 수를 말해요.

이번에는 최소공배수를 이용하는 문제를 풀어볼게요. 3, 5, 7 어느 것으로 나누어도 나머지가 2인 자연수 중에서 가장 작은 수를 구해 봅시다. 여기에서 구하는 수를 A라고 하면, 구하는 식은 다음과 같아요.

$$A = 3 \times (몫) + 2$$
$$A = 5 \times (몫) + 2$$
$$A = 7 \times (몫) + 2$$

이때, 양변에서 2를 빼 주면

$$A-2 = 3 \times (몫)$$
$$A-2 = 5 \times (몫)$$
$$A-2 = 7 \times (몫)$$

이 되죠? 그러니까 A−2는 3과 5와 7의 공배수지요. 이 중에서 가장 작은 경우는 A−2가 3, 5, 7의 최소공배수인 105가 되는 경우예요. 그러므로 A − 2 = 105 가 되고, 이 식을 풀면

$$A = 107$$

이 됩니다.

생활 수학 카페

구슬의 무게 구하기

10g 이상의 무게만을 잴 수 있는 저울이 있습니다. 이 저울로 10g 이하인 구슬의 무게를 잴 수 있는 방법이 있을까요?

무게가 1g보다 크지만 똑같은 무게를 가진 구슬 여러 개를 준비합니다. 구슬 하나가 10g 이하이므로, 구슬 한 개는 저울로 무게를 잴 수 없지요. 하지만 구슬 여러 개를 합치면 10g이 넘으므로 무게를 잴 수 있습니다.

구슬을 한움큼 쥐어 저울에 올려놓아 봅시다. 처음 구슬 한 움큼을 쥐어 저울에 올려놓았더니 무게가 27g이었어요. 다음번 구슬 한 움큼은 18g, 그 다음 구슬 한 움큼은 15g이었어요. 물론 구슬의 개수를 헤아려 전체 무게를 구슬의 개수로 나누면 구슬 하나의 무게를 알 수 있지만, 구슬의 개수를 헤아리지 않고도 최대공약수를 찾는 방법으로 구슬 하나의 무게를 알 수 있습니다.

먼저 27, 18, 15의 공약수를 구한 후 최대공약수를 구합니다.

27의 약수 : 1, 3, 9, 27

18의 약수 : 1, 2, 3, 6, 9, 18

15의 약수 : 1, 3, 5, 15

공약수는 1, 3이고 최대공약수는 3이므로, 구슬 한 개의 무게는 3g이라는 것을 알 수 있습니다.

기본 다지기

1. 어떤 자연수로 89를 나누면 5가 남고, 64를 나누면 4가 남는다. 이러한 수 중에서 가장 큰 수는?

2. 어느 역에서 열차 A는 3분마다, 열차 B는 4분마다 출발한다. 두 열차가 오전 9시에 동시에 출발하였다면, 열차 A와 B가 다음에 다시 역에서 동시에 출발하는 시각은?

서프라이즈 진실 혹은 거짓

1. 두 수의 공약수는 두 수의 최대공약수의 약수다.

    ☐ 진실   ☐ 거짓

2. 두 수의 공배수는 최소공배수의 배수다.

    ☐ 진실   ☐ 거짓

3. 서로 맞물려 도는 두 개의 톱니바퀴 A, B의 이의 수가 각각 24개, 36개일 때 이 톱니바퀴가 처음의 같은 이에서 다시 맞물리는 때는 A와 B가 모두 세 바퀴를 돈 후다.

    ☐ 진실   ☐ 거짓

알쏭달쏭 내 생각

김달콤 씨는 치즈를 파는 사람이다. 그는 최근 새로운 아이디어를 냈는데, 치즈를 정육면체 모양으로 만들고 여섯 개의 면에 초콜릿으로 1부터 6까지의 점을 찍어 '치즈주사위'를 만드는 것이었다.

김달콤 씨의 아이디어는 큰 인기를 끌었다. 하지만 치즈를 납품하는 공장은 치즈의 모양을 직육면체로만 만들었기 때문에, 김달콤 씨는 치즈를 잘라서 정육면체로 만들어야 했다.

치즈 공장에서 납품받은 치즈는 가로 120 cm, 세로 80 cm, 높이 60 cm인 직육면체 모양이다.

김달콤 씨가 치즈를 남기지 않고 가장 큰 정육면체의 치즈주사위를 만들려면, 주사위 한 변의 길이는 얼마가 되어야 하는가?

☐ 10 cm   ☐ 20 cm

기본 다지기

1. 12

구하는 자연수를 a라고 하고 주어진 조건을 식으로 써서 정리하면,

$$89 = a \times (몫) + 5$$
$$64 = a \times (몫) + 4$$

첫 식에서는 5를 빼고 두 번째 식에서는 4를 빼면

$$84 = a \times (몫)$$
$$60 = a \times (몫)$$

a는 84와 60의 공약수고, 그중 가장 큰 것이 최대공약수다.

84의 약수: 1, 2, 4, 7, 12, 21, 42, 84
60의 약수: 1, 2, 3, 4, 5, 6, 10, 12, 15, 20, 30, 60

84와 60의 최대공약수는 12이므로, a = 12다.

2. 9시 12분

3과 4의 최소공배수는 12이므로 12분 후 다시 동시에 출발한다.

서프라이즈 진실 혹은 거짓

1. 진실

예를 들어 8과 12의 약수를 보자.

8의 약수 : 1, 2, 4, 8
12의 약수: 1, 2, 3, 4, 6, 12

두 수의 공약수는 1, 2, 4고, 최대공약수는 4다. 이때 두 수의 공약수는 바로 최대공약수 4의 약수들이다.

2. 진실

2와 3의 최소공배수는 6이다. 그리고 2와 3의 공배수는 6, 12, 18, … 이므로 바로 최소공배수인 6의 배수들이다.

3. 거짓

두 톱니바퀴는 이의 수들(24와 36)의 최소공배수인 72개의 이가 움직인 후에 다시 만난다. 그러므로 A는 세 바퀴, B는 두 바퀴를 회전한 후에 같은 이에서 만나게 된다.

알쏭달쏭 내 생각

답 20 cm

직육면체의 세 변의 길이의 최대공약수를, 구하고자 하는 정육면체(치즈주사위) 한 변의 길이로 택하면 된다. 60, 80, 120의 최대공약수는 20이므로 주사위 한 변의 길이는 20 cm다.

60의 약수: 1, 2, 3, 4, 5, 6, 10, 12, 15, 20, 30, 60
80의 약수: 1, 2, 4, 5, 8, 10, 16, 20, 40, 80
120의 약수: 1, 2, 3, 4, 5, 6, 8, 10, 12, 15, 20, 24, 30, 40, 60, 120

스테이지 4

할머니의 유산
소수

1과 자기 자신만을 약수로 가지는 수를
소수라고 한다.

어느 날, 어바리 보안관 사무실에 매쓰팬과 평소 친하게 지내던 친구 카이가 변호사 로스 씨와 함께 찾아왔다. 두 사람은 뭔가 심각한 고민이 있는 표정이었다.

"안녕 카이! 오랜만이야. 여기는 무슨 일로 왔어?"

"매쓰팬, 나 좀 도와줘."

카이가 지친 목소리로 대답했다.

"두 분 모두 일단 이쪽으로 앉으시죠. 카이, 이제 차근차근 설명을 좀 해 보렴."

카이와 변호사 로스 씨에게 자리를 안내한 어바리 보안관이 말을 건넸다.

카이는 어렸을 때 아버지가 재혼을 해서 새어머니와 함께 살았다. 새어머니인 이라이자 부인은 성질이 고약해서 아버지가 안 계실 때마다 카이와 할머니를 괴롭혔다. 그러던 중 아버지가 갑작스런 사고로 세상을 떠났고, 카이와 할머니는 슬픔에 빠져 힘든 나날을 보냈다. 이 상황을 틈타 이라이자 부인은 아버지의 모든 재산을 빼돌린 후 도망을 쳤다. 그 후 카이는 할머니와 단 둘이 어렵게 살게 되었다.

　카이는 할머니에게 딸이자 친구 같은 존재였다. 할머니는 카이가 커가는 모습을 보면서 아들을 잃은 슬픔을 잊고 행복한 생활을 할 수 있었다. 하나뿐인 손녀 카이를 위해 열심히 돈을 벌고, 절약하여 피스 마을에서 몇 손가락 안에 드는 부자가 되었다. 하지만 나이가 많은 할머니는 하루가 다르게 기력이 쇠약해졌고, 결국 며칠 전에 돌아가시고 말았다.

평소 자신이 죽으면 혼자 남을 카이를 안타까워했던 할머니는 오래 전부터 유산 집행을 변호사 로스 씨에게 맡겨 두었다. 그런데 바로 이 유산 집행이 문제였다. 할머니가 남긴 유언장이 이상했기 때문이다.

유언장에는 다음과 같이 쓰여 있었다.

유 언 장(소수만 읽으시오.)

덕유산에상상속의내유자차는하모니카옆이다.

카이는 바로 이 유언장 때문에 어바리 보안관 사무실을 찾아온 것이었다. 변호사 로스 씨와 아무리 들여다보아도 카이는 할머니의 유언장이 무슨 내용인지, 무엇을 말하는지 알 길이 없었다.

"매쓰팬…… 도와줘!.."

카이가 매쓰팬에게 간절한 눈빛으로 부탁했다.

"걱정마 카이. 보안관님께서 잘 해결해 주실 거야."

매쓰팬이 카이에게 다정하게 말했다.

"흑흑, 보안관님, 도와주세요! 욕심 많은 새어머니가 호시탐탐 할머니의 유산을 노리고 있어요."

"이 유언장의 내용을 알아내지 못하면, 할머니가 힘들게 모은 재산이 한순간에 법적 어머니인 이라이자 부인에게 넘어갈 수 있습니다."

카이의 말이 끝나자 변호사 로스 씨가 옆에서 덧붙여 설명했다.

"이게 유언장인가요? 도무지 무슨 말인지 모르겠군요."

어바리 보안관이 유언장을 코앞까지 갖다 대고 들여다보며 말했다. 매쓰팬도 유언장의 내용을 찬찬히 살펴보았다. 그리고 띄어쓰기를 하면서 다시 써 보았다.

덕유산에 상상속의 내 유자차는 하모니카 옆이다.

"덕유산? 유자차? 하모니카? 거참 아리송하네."

어바리 보안관이 혼자서 중얼거렸다.

"카이 양, 할머니가 평소에 장난이 심하셨나요? 아니면

혹시 할머니가 덕유산에 자주 갔나요?"

갑자기 어바리 보안관이 카이에게 물었다.

"할머니가 유머가 많으셨던 건 맞아요. 그런데 관절이 안 좋으셔서 산에는 가지 않으셨어요. 평지에서 오래 걷는 것도 힘들어하셨는걸요."

"그럼 할머니가 유자차를 좋아하셨나요?"

"아닙니다. 예전에 제 사무실에 오셨을 때, 유자차를 드렸는데 물밖에 안 드신다며 사양하셨어요."

변호사 로스 씨가 재빠르게 대답했다.

"그럼 하모니카는 잘 불었나요?"

"아니요. 할머니는 다룰 줄 아는 악기가 없으셨어요. 음악은 그저 듣는 것만 좋아하셨거든요."

어바리 보안관이 유언장에 있는 단어를 할머니와 연관 지으려고 애썼지만, 일치하는 것이 하나도 없었다.

'이건 단순한 단어가 아니야. 암호문이 틀림없어! 도대체 어떤 규칙의 암호일까?'

매쓰팬은 어바리 보안관과는 다른 방식으로 유언장의 내

용을 분석하려 했다.

"카이, 할머니가 젊었을 때 수학을 좋아하셨어?"

매쓰팬은 자신의 논리 안에서 실마리를 찾기 위해 카이에게 물어보았다.

"응, 할머니는 대학에서 수학을 전공하셨어. 대학 졸업 후에도 아이들에게 수학을 가르치기도 했고…… 나도 수학은 할머니한테 배웠거든."

"그렇다면 이건 분명히 수학을 이용한 암호야!"

매쓰팬의 말에 어바리 보안관과 카이, 그리고 변호사 로스 씨가 어리둥절한 표정으로 매쓰팬을 바라보았다. 매쓰팬은 조금씩 수사의 방향을 잡아갔다.

그때 누군가 보안관 사무실 문을 벌컥 열고 들어왔다.

"오호호~ 여기 로스 변호사님 계시나요?"

번쩍이는 장신구로 온몸을 치장한 30대 후반의 여자가 요란하게 웃으며 물었다. 쭉 찢어진 눈에, 금방 번개라도 맞은 것처럼 이상하게 파마를 한 모습이 꽤나 신경질적으로 보였다.

"실례지만 누구십니까?"

어바리 보안관이 경계심 가득한 말투로 물었다.

"오호호, 보안관님이시군요. 로스 변호사님도 계시고……. 모두 모여 있군요. 아주 잘 됐어요! 저는 카이의 엄마 이라이자입니다. 카이 할머니가 돌아가셨고, 카이는 아직 어려서 아무것도 모르니 모든 유산은 며느리인 내가 물려받는 게 맞죠? 카이도 돌봐야 하니까요."

이라이자 부인은 주위를 한 바퀴 빙둘러보며 뻔뻔스런

표정으로 말했다.

"하지만 이라이자 부인, 유언장이…….”

이라이자 부인은 변호사 로스 씨의 말이 끝나기도 전에 그가 들고 있는 유언장을 낚아채서는 빠르게 훑어보았다.

"호호호~ 변호사님, 이건 유언장이 아니라 그냥 낙서잖아요? 내용도 알 수 없는 유언이 무슨 소용이 있죠? 모든 유산은 당연히 며느리인 내가 받아야 한다고요!"

이라이자는 카이 할머니의 모든 재산이 마치 자기 것인 양 기고만장해서 떠들었다. 카이에게는 눈길 한번 주지 않았다.

어바리 보안관과 매쓰팬은 이라이자 부인의 태도가 못마땅했지만 현재로서는 유언장을 해석할 수가 없어 뭐라고 딱히 말하지 못했다.

"로스 변호사, 이게 무슨 큰일이라고 보안관 사무실까지 오셨어요? 저랑 같이 가서 유산 상속 처리나 하자고요. 제가 수고비는 후하게 쳐드릴게요. 오호호호”

이라이자 부인은 엉거주춤 서 있는 로스 변호사의 팔을

강제로 잡아끌었다. 변호사 로스 씨는 마지못해 이라이자 부인을 따라나섰다. 사무실에는 카이와 어바리 보안관 그리고 매쓰팬 세 사람만이 남았다. 잠시 침묵이 흘렀다.

"보안관님! 새어머니한테 할머니의 유산을 절대 뺏기면 안 돼요. 저도 같이 찾아볼게요!"

먼저 말을 꺼낸 건 카이였다. 이라이자 부인과 변호사 로스 씨가 나간 문을 바라보며 말하는 카이의 목소리에 힘이 들어가 있었다.

"그래요. 카이 양! 나 어바리 보안관도 도와줄게요."

"그래. 우리가 머리를 맞대고 찾다보면 분명 할머니의 유언장 비밀을 풀 수 있을 거야!"

어바리 보안관과 매쓰팬은 카이를 위로했다. 어바리 보안관이 낮은 목소리로 '덕유산, 유자차, 하모니카'를 되뇌이는 동안 매쓰팬은 암호와 관련된 수학을 찾아보았다.

어느덧 시간이 흘러 날이 어두워질 무렵, 매쓰팬의 입에서 탄성이 터져 나왔다.

"야호~ 풀었다!"

"뭘 풀었다는 거지?"

보안관과 카이의 눈이 휘둥그레졌다.

"이 유언장은 제 예상대로 암호문이었어요."

"암호? 그럼 어떤 규칙이 있겠군!"

"물론이죠. 이 암호의 키는 바로 소수였어요."

"소수?"

"네, 1과 자기 자신만을 약수로 가지는 수를 소수라고 해요. 예를 들면 2, 3, 5 같은 수들이지요. 2의 약수는 1과 2, 3의 약수는 1과 3, 5의 약수는 1과 5니까 1과 자기 자신만을 약수로 갖죠? 그러니까 소수예요. 하지만 4를 보세요. 4의 약수는 1, 2, 4니까 1과 자기 자신 이외에도 2라는 약수를 가지고 있잖아요? 그러니까 4는 소수가 아니에요."

매쓰팬이 차근차근 설명했다.

"그게 유언장이랑 무슨 관계가 있어?"

카이는 이해가 안 된다는 표정으로 되물었다.

매쓰팬은 다시 유언장의 글을 노트북에 입력했다.

"자, 여기를 잘 봐!"

덕유산에상상속의내유자차는하모니카옆이다.

"띄어쓰기는?"

이번에는 어바리 보안관이 물었다.

"띄어쓰기를 할 필요는 없어요. 어차피 이 문장은 아무

의미도 없으니까요."

"뭐? 아무 의미도 없다고?"

카이는 놀란 얼굴로 매쓰팬을 쳐다보았다.

"그럼 덕유산, 유자차, 하모니카도 아무 의미가 없다는 건가? 그럼 이걸 어떻게 해석해야 하는 거지, 매쓰팬?"

어바리 보안관도 어리둥절한 표정을 지었다.

"간단해요, 보안관님. 모두 숫자를 붙이는 거예요."

매쓰팬은 각 글자마다 차례대로 숫자를 붙였다.

1	2	3	4	5	6	7	8	9	10
덕	유	산	에	상	상	속	의	내	유

11	12	13	14	15	16	17	18	19	20
자	차	는	하	모	니	카	옆	이	다

"바로 이 글자들 중에서 소수만 찾아보세요."

매쓰팬이 말했다.

"음…… 그러니까 1부터 20사이의 소수는 2, 3, 5, 7, 11,

13, 17이지."

어바리 보안관은 조심스럽게 소수를 찾아냈다.

"보안관님, 19도 있어요!"

카이가 어바리 보안관에게 말했다. 매쓰팬은 소수의 번호가 붙어 있는 글만 따로 타이핑을 치기 시작했다.

2 3 5 7 11 13 17 19
유 산 상 속 자 는 카 이

"헉! 이런!"

보안관은 놀라서 입을 다물지 못했다. 유언장에는 바로 카이의 할머니가 모든 유산을 카이에게 상속한다는 내용이 암호로 쓰여 있었던 것이다.

보안관과 매쓰팬은 서둘러 로스 변호사한테 갔다. 그리고 이라이자 부인이 보는 앞에서 유언장의 진짜 내용을 설명해 보였다.

결국 재산은 할머니의 뜻대로 카이에게로 가고, 어린 카

이가 성장할 때까지 로스 변호사가 관리하기로 했다.

"어바리 보안관님, 감사합니다. 그리고 매쓰팬 넌 정말 최고야! 앞으로 저도 할머니처럼 수학 공부를 열심히 해서 지혜롭게 생활해야겠어요."

이렇게 카이의 할머니 유언장 사건은 매쓰팬의 암호 풀이로 순조롭게 끝이 났다.

축하합니다.

당신은 모든 스테이지를
통과했습니다.

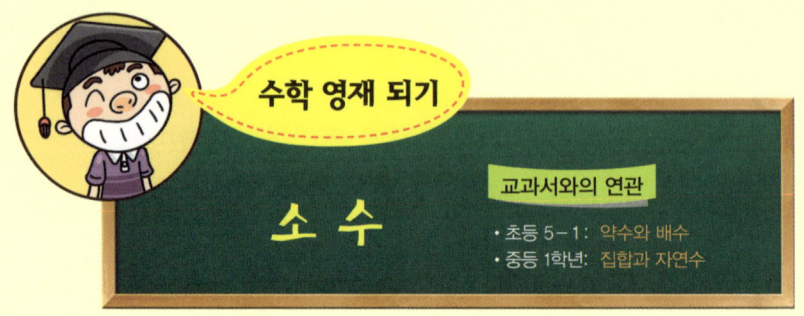

소수

소수는 1과 자기 자신만을 약수로 갖는 수입니다. 예를 들어 2의 약수는 1, 2입니다. 이렇게 2는 1과 자기 자신만을 약수로 가지므로 소수에 해당하지요.

반면, 4의 약수는 1, 2, 4입니다. 4는 1과 자기 자신 이외에도 2를 약수로 갖기 때문에 소수가 아닙니다. 소수의 약수는 항상 1과 자기 자신 두 개뿐이랍니다.

그렇다면 1은 소수일까요? 1은 약수가 1 하나뿐이므로 소수가 아니에요. 자연수 중 소수를 써 보면 다음과 같아요.

$$2,\ 3,\ 5,\ 7,\ 11,\ 13,\ 17,\ 19,\ \cdots$$

이때 짝수인 소수는 2 하나뿐이에요. 2보다 큰 짝수는 2를 약수로 갖기 때문에 소수가 될 수 없답니다.

소수 찾기

자연수 중에서 어떤 수가 소수인지 쉽게 찾을 수 있는 다른 방법은 없을까요? 물론 있습니다. 자, 이제 소수를 간단히 찾을 수 있는 방법을 알아볼게요.

1부터 50까지의 자연수 중에서 소수를 모두 찾아봅시다.

먼저 1부터 50까지 수를 씁니다.

1	2	3	4	5	6	7	8	9	10
11	12	13	14	15	16	17	18	19	20
21	22	23	24	25	26	27	28	29	30
31	32	33	34	35	36	37	38	39	40
41	42	43	44	45	46	47	48	49	50

1은 소수가 아니므로 지웁니다.

	2	3	4	5	6	7	8	9	10
11	12	13	14	15	16	17	18	19	20
21	22	23	24	25	26	27	28	29	30
31	32	33	34	35	36	37	38	39	40
41	42	43	44	45	46	47	48	49	50

2를 빼고 2의 배수를 모두 지웁니다.

2	3	5	7	9
11	13	15	17	19
21	23	25	27	29
31	33	35	37	39
41	43	45	47	49

3을 빼고 3의 배수를 모두 지웁니다.

2	3	5	7	
11	13		17	19
	23	25		29
31		35	37	
41	43		47	49

5를 빼고 5의 배수를 모두 지웁니다.

2	3	5	7	
11	13		17	19
	23			29
31			37	
41	43		47	49

7을 빼고 7의 배수를 모두 지웁니다.

	2	3		5		7	
11		13				17	19
			23				29
31						37	
41		43				47	

위의 수들이 바로 50까지의 소수입니다. 이 방법은 그리스의 수학자 에라토스테네스가 처음 발견했으며, 그의 이름을 따서 '에라토스테네스의 체'라고 부릅니다.

소수의 분포 비율

소수의 분포 비율은 다음과 같아요.

	소수 수	분포율(%)
1~10	4	40
0~100	25	25
0~1000	168	16.8
1~10000	1229	12.3
0~100000	9592	9.6
0~1000000	78498	7.8

소수의 개수

소수 중에 가장 큰 소수가 존재할까요? 사실 소수 중에서 가장 큰 소수는 존재하지 않아요. 그 이유는 소수의 개수가 무한히 많기 때문이랍니다.

그렇다면 왜 그렇게 소수들이 많을까요? 만약 5가 제일 큰 소수라고 한다면, 소수는 2, 3, 5 세 개뿐이에요. 이때 다음과 같은 수를 생각해 봐요.

$$2 \times 3 \times 5 + 1$$

이 수는 2보다도, 3보다도, 5보다도 큰 수죠? 그런데 이 수는 2로 나누어도 나머지가 1이고, 3이나 5로 나누어도 나머지가 1이에요. 즉 이 수는 소수인거죠. 따라서 5보다 큰 소수가 있다는 얘기가 된답니다. 이것은 다시 말해, 가장 큰 소수는 존재하지 않으며 소수가 무한히 많다는 것을 보여줍니다.

생활 수학 카페

최초의 소수 발견

소수는 어느 나라 사람들이 처음 발견했을까요? 그리스인들일까요? 결론적으로 말하면 그렇지 않아요. 고고학자들의 발견에 의하면 인류는 아주 오래 전부터 소수를 알고 있었다고 해요.

적도를 지나는 중앙아프리카 산맥에서 유물을 찾던 고고학자들이 기원전 6500년 전의 것으로 보이는 동물의 뼈를 발견했는데, 그 뼈에는 소수를 나타내는 눈금이 새겨져 있었어요. 동물의 뼈에 새겨진 금을 헤아려 보니 11개, 13개, 17개, 19개로 소수에 해당하는 눈금만 새겨져 있었지요. 이 동물의 뼈는 고고학자들의 기증으로 벨기에 브뤼셀에 있는 왕립자연과학연구소에 보관되었는데, 고대 수학연구회는 뼈에 새긴 눈금이 소수인 걸로 보아 이 뼈가 소수를 가르치는 교재도구로 사용된 것이 아닌가 생각하고 있습니다.

만일 이 가설이 사실이라면 인류는 적어도 기원전 6500년 전에 소수를 알고 있었던 셈이지요.

기본 다지기

1. 다음 중 소수인 것에는 P, 소수가 아닌 것에는 N이라고 써라.

   (1) 342   (   )
   (2) 19   (   )
   (3) 63   (   )
   (4) 51   (   )

2. 24를 소수들만의 곱으로 나타내라.

> **서프라이즈 진실 혹은 거짓**

1. 4 이상의 짝수는 두 소수의 합으로 나타낼 수 있다.

    ☐ 진실   ☐ 거짓

2. 5보다 큰 자연수는 세 소수의 합으로 나타낼 수 있다.

    ☐ 진실   ☐ 거짓

3. 2×3×5×7+1처럼 소수들의 곱에 1을 더하면 항상 소수가 된다.

    ☐ 진실   ☐ 거짓

4. 소수는 모두 홀수다.

    ☐ 진실   ☐ 거짓

알쏭달쏭 내 생각

프라임 시의 사람들은 소수를 좋아한다. 여기서 소수란 0.3이나 0.67과 같이 소수점 아래에 숫자가 있는 것이 아니라 1과 자기 자신만을 약수로 갖는 수를 말한다. 예를 들어 2, 3은 소수다. 2의 약수는 1과 2뿐이고, 3의 약수는 1과 3뿐이기 때문이다. 하지만 4는 1과 4외에도 2가 약수이므로 소수가 아니다.

어느 날 프라임 시의 배루마 시장은 수학의 발전을 위해 흥미로운 제안을 했다. 소수를 찾는 재미있는 공식을 발견하는 사람에게 상금으로 금송아지를 주기로 한 것이다.

많은 아마추어 수학자들은 공식을 찾기 위해 열을 올렸다. 프라임 대학의 수학과 교수인 나소수 씨도 열심히 공식을 찾기 시작했다.

그러던 어느 날, 연구실에 틀어박혀 있던 나소수 씨가 기쁨에 들뜬 목소리로 외쳤다.

"바로 이거야! 3이 반복되고 맨 뒤에 7을 붙이면 소수가 되는 공식! 으하하하~."

나소수 씨는 배루마 시장과 사람들에게 자신의 연구를

다음과 같이 설명했다.

> 3
> 37
> 337
> 3337

나소수 씨가 발견한 이 규칙은 항상 소수를 만들 수 있는 규칙일까? 여러분의 생각은?

☐ 그렇다   ☐ 그렇지 않다

기본 다지기

1. (1) N 일의 자리 수가 2이므로 342는 2의 배수다. 따라서 소수가 아니다.
   (2) P 19는 약수가 1과 19이므로 소수다.
   (3) N 63 = 7×9로, 7과 9는 63의 약수이므로 63은 소수가 아니다.
   (4) N 5 + 1 = 6이 3의 배수이므로 51은 3의 배수다. 따라서 소수가 아니다.
2. 24 = 2×2×2×3으로 소수들만의 곱으로 나타낼 수 있다.

서프라이즈 진실 혹은 거짓

1. 진실
   예를 들어 보자.
   $$4 = 2 + 2 \quad\quad 10 = 5 + 5$$
   $$6 = 3 + 3 \quad\quad 12 = 5 + 7$$
   $$8 = 3 + 5$$

2. 진실
   이것을 처음 추측해 낸 사람은 수학자 골드바흐다. 그래서 이것을

'골드바흐 추측'이라 부르는데, 아직까지 아무도 이를 증명하지 못하고 있다. 예를 들면 다음과 같다.

$$6 = 2 + 2 + 2 \qquad 8 = 2 + 3 + 3$$
$$7 = 2 + 2 + 3 \qquad 9 = 3 + 3 + 3$$

3. 거짓

다음과 같이 소수를 만들 수 있다.

$$2 + 1$$
$$2 \times 3 + 1$$
$$2 \times 3 \times 5 + 1$$

하지만 다음의 수를 보자.

$$2 \times 3 \times 5 \times 7 \times 11 \times 13 + 1 = 30031 = 59 \times 509$$

즉 소수를 차례로 곱해 1을 더한 수가 모두 소수가 되는 것은 아니다.

4. 거짓

2는 짝수지만 소수다.

알쏭달쏭 내 생각

답 그렇지 않다.

예를 들면 3333337은 107527 × 31이므로 소수가 아니다.

부록 | 수학자가 쓰는 수학사

페르마가 쓰는 수학사

피에르 드 페르마
(1601. 8. 17 ~ 1665. 1. 12)

안녕하세요. 수학 연구를 좋아하는 아마추어 수학자 피에르 드 페르마입니다. 나는 1601년 프랑스 툴루즈 근처의 보몽드로마뉴라는 작은 마을에서 태어났어요. 아버지는 보몽 지방의 집정관이자 피혁 장수였지요.

부유한 집안에서 자란 나는 프란체스코회 학교에서 고전어와 고전문학을 배웠어요. 그 후 1631년 툴루즈의 대학에서 법률학

학위를 받아 변호사가 되었고, 1648년 서른 살이 되던 해 툴루즈 지방의 칙선의원이 되었지요. 나는 특별한 어려움 없이 평온하게 살았으며, 스스로도 쓸데없는 논쟁을 피했습니다. 그렇다고 나의 삶이 지루하거나 재미없지는 않았어요. 왜냐하면 '수학' 때문이었지요.

어렸을 때부터 수학을 좋아했던 나는 시간이 날 때마다 틈틈이 수학을 연구했어요. 물론 취미였기 때문에 체계적이고 전문적으로 수학을 공부한 것은 아니었어요. 하지만 서른 살쯤부터 수학에 좀 더 깊이 빠져들었는데, 칙선의원이라는 직업 때문이기도 했지요. 당시만 해도 부정을 피해야 하는 직업의 특성상 불필요한 사회 활동이 금지되어 있었거든요. 이러한 상황은 혼자서 취미 활동을 하기 위한 시간을 충분히 만들어 주었어요.

나는 그리스의 수학자 디오판토스가 쓴 《산술》이라는 수학책을 무척 좋아했습니다. 틈만 나면 그 책에 있는 미해결 문제들을 풀었고, 다른 비슷한 문제들도 제시했어요. 나는 전문적인 수학자가 아닌 만큼 명성을 얻기 위해 굳이 논문으로 나의 정리를 발표하려고 하지 않았습니다. 그래서인지 나에게는 다소 짓궂은 버릇이 있었어요. 새롭게 정리를 증명해 놓고, 그 증명이

부록 페르마가 쓰는 수학사

적힌 종이를 모두 쓰레기통에 버렸지요. 또한 읽고 있던 책이나 친구들에게 보내는 편지에 낙서처럼 새로운 정리를 적어 놓았습니다. 심지어 '나는 이런 정리를 발견하여 증명했는데, 당신도 한번 이 정리를 증명해 보시겠어요?'라는 편지를 보내기도 했어요. 당시 나와 편지를 주고받던 수학자 데카르트와 메르센 등은 이런 나의 행동 때문에 약 올라 했어요.

1640년 나는 '소수'만을 나오게 하는 공식을 발견했습니다. 그것은 다음과 같이 복잡한 꼴이었지요.

$$2^{2^N} + 1$$

나는 이 식의 N에 0, 1, 2, 3, … 을 대입하면 항상 소수가 나온다고 믿었습니다. 예를 들어 이 식에 N = 0을 대입하면 $2^0 = 1$이므로 $2^{2^0} + 1$은 $2^1 + 1$이 되어 3이 나옵니다. 이런 방식으로 N에 0, 1, 2, 3, 4, 5를 차례대로 대입하면 3, 5, 17, 257, 65537, 4294967297이 나오지요. 이러한 과정을 통해 나는 소수를 만들 수 있다고 주장했어요. 하지만 1732년 오일러가 초인적인 계산을 통해 4294967297이 소수가 아님을 발견했지요. 그는 $4294967297 = 6700417 \times 641$로 소인수 분해가 되므로

4294967297은 소수가 아니라고 말했습니다.

한편, 같은 해에 나는 소수와 제곱수 사이의 새로운 관계도 알아냈어요. 즐거운 마음에 친구 메르센에게 다음과 같은 내용을 편지로 적어 보냈지요.

> 4로 나누어 나머지가 1인 소수는 두 수의 제곱의 합으로 나타낼 수 있다.

이 편지가 공개된 후 많은 수학자가 편지 내용을 확인하는 작업에 들어갔어요.

그리고 4로 나눈 나머지가 1인 소수는 5, 13, 17, 29와 같은 수인데,

$$5 = 1^2 + 2^2, \ 13 = 2^2 + 3^2, \ 17 = 1^2 + 4^2, \ 29 = 2^2 + 5^2$$

이 되므로 소수의 성질이 옳다는 것이 알려졌습니다. 이 정리는 '페르마의 작은 정리'라고 불리며, 약 100년 후에야 스위스의 수학자 레온하르트 오일러에 의해 명확히 증명되었지요.

이외에도 나는 소수에 대한 많은 연구를 했습니다. 당시 여러 수학자가 소수에 대한 일반적인 공식을 찾는 데 관심을 기울

부록 | 페르마가 쓰는 수학사

였어요. 그중에서 가장 먼저 소수에 대한 공식을 발표한 사람이 바로 나, 아마추어 수학자 페르마입니다. 사람들은 나를 '17세기 최고의 수학자'라고도 부른답니다.

GO! GO! 과학특공대 20
나눌까 곱할까? **약수와 배수**

지은이 • 정 완 상
펴낸이 • 조 승 식
펴낸곳 • 도서출판 이치사이언스
등록 • 제9-128호
주소 • 01043 서울시 강북구 한천로 153길 17
홈페이지 • www.bookshill.com
전자우편 • bookshill@bookshill.com
전화 • 02-994-0583
팩스 • 02-994-0073

2013년 1월 30일   제1판 1쇄 발행
2020년 6월 15일   제1판 4쇄 발행

가격 7,500원

ISBN 978-89-98007-07-2
978-89-91215-70-2(세트)

• 잘못된 책은 구입하신 서점에서 바꿔 드립니다.

GO! GO! 과학특공대 시리즈

1. 가장 위대한 발명 **수**
2. 끼리끼리 통하는 **암호**
3. 구석구석 미치는 **힘**
4. 찌릿찌릿 통하는 **전기**
5. 온도와 상태를 변화시키는 **열**
6. 세상의 기본 알갱이 **원자**
7. 수·금·지·화·목·토·천·해 **태양계**
8. 몸무게가 줄어드는 **달**
9. 끝없는 초원에서 만난 **아프리카 동물**
10. 숨 쉬고 운동하는 **식물의 생활**
11. 달려라 달려 **속력**
12. 흔들흔들 **파동**
13. 세어볼까? **경우의 수**
14. 울려라 울려 **악기과학**
15. 초록 행성 **지구**
16. 보글보글 **기체**
17. 조각조각 **분수**
18. 반사하고 굴절하는 **빛**
19. 무게가 없는 **무중력**
20. 나눌까 곱할까? **약수와 배수**
21. 꾹꾹 눌러 **압력**
22. 뛰어 보자 **수뛰기**
23. 둥둥 뜨게 하는 **부력**
24. 외계에서 온 **UFO**
25. 쉽고 빠른 셈셈 **셈**
26. 우리의 가장 오랜 친구 **곤충**
27. 밀고 당기는 **자석**
28. 신기하고 놀라운 **삼각형**
29. 맞혀 볼까? **확률**
30. 한눈에 쏙쏙 **통계**

다음 책들이 곧 여러분을 만날 준비를 하고 있습니다.
많이 기대해 주세요.

- 사각형
- 비율
- 도형
- 놀이동산
- 도구
- 액체
- 화학반응
- 용액
- 숲속의 벌레
- 우리 주위의 동물
- 세계 곳곳의 동물
- 새
- 여러 종류의 동물
- 소화
- 인체
- 지구 변화
- 날씨
- 지질시대
- 바다